Herr Zytztz geht zum Mars

Noel M. Loomis

Writat

Diese Ausgabe erschien im Jahr 2024

ISBN: 9789359949802

Herausgegeben von
Writat
E-Mail: info@writat.com

Inhalt

KAPITEL I

Männer ohne Stand

Commander Pickens starrte Kadett Healey über seinen Schreibtisch hinweg an. Sein Gesicht lächelte, aber seine Augen waren wie blaues Eis. „Wir sind eine Legion der Verurteilten", sagte der Kommandant.

Kadett Healey antwortete: „Ja, Sir."

Pickens beugte sich vor. „Der Raketendienst ist eine Mülldeponie für Männer, die aus dem aktiven Dienst entlassen werden. Es gibt keine Kriminellen oder Nichtsnutze – solche sind noch nie zu den Air Marines gelangt –, aber das sind Männer, die aus dem einen oder anderen Grund Pech hatten . Es ist nicht ihre Schuld – aber die Tradition der International Air Marines besagt, dass kein Offizier jemals ein Schiff verliert, außer durch feindliche Aktionen."

"Jawohl."

„Er ist auf seinen Kadettendienstgrad zurückgekehrt, der überhaupt kein Dienstgrad ist. Er ist kein Offizier und kein Soldat. Solange er lebt, kann er nie wieder einen Dienstgrad gewinnen. Ihn einen Kadetten zu nennen, ist nur eine Bezeichnung." Er ist ein Versager. Das wissen Sie, nicht wahr?"

„Ja, Sir. Es sind Fehlgeburten wie ich."

Pickens' blaue Augen leuchteten jetzt in ihren Tiefen. Er war ein etwas unterdurchschnittlich großer Mann mittleren Alters, kräftig gebaut, glattgesichtig und halb kahl.

„Wir kommen hierher, um es zu klären. Insgeheim hofft jeder von uns, dass er die eiserne Tradition brechen wird. Wir geben es im Allgemeinen nicht zu und wir wissen, dass niemand jemals damit gebrochen hat. Wir haben unser Leben zu verlieren." der Raketendienst, und nichts zu gewinnen, nicht einmal unsere früheren Ränge, solange wir leben, werden wir offiziell als Kadetten gebrandmarkt und die Regeln besagen, dass kein Mann mehr als eine Chance braucht , nicht wahr, Kadett Healey, dass es keinen Sinn hat, auch nur zu hoffen?"

"Jawohl."

„Dass es keinen Sinn hat, unser Leben zu riskieren, um zum Mond und zurück zu fliegen?" Pickens bestand darauf.

"Jawohl."

Commander Pickens beugte sich vor. Jetzt waren seine Augen intensiv. „Dann verstehen Sie das von Anfang an. Kadett Healey: Wir fliegen zum Mars!"

Healey öffnete die Augen und sah Pickens zum ersten Mal direkt an. „Du gibst mir fast das Gefühl, dass wir zum Mars *fliegen* ", sagte er langsam.

„Wir sind zweihundert hier draußen, die diese eine Idee haben."

Healey war ein wenig beeindruckt von der Intensität des Kommandanten. Die Dinge entwickelten sich nicht so, wie Healey es erwartet hatte, als der Gyro-Pickup ihn in Wamsutter traf und ihn durch die Wüste nordwestlich von Rawlins flog. Er hatte vage geglaubt, dass es sich bei der Raketenbasis um einen Haufen Zombies handeln würde, aber als er nun Commander Pickens ansah , hatte er das Gefühl, dass sie sehr lebendig waren, und darüber hinaus, dass er selbst vielleicht noch einmal am Leben war. Pickens hatte ihm gesagt, dass es keine Chance gäbe, die zweihundert Jahre alten Vorschriften der Air Marines zu durchbrechen, aber jetzt begann Healey sich trotzdem zu fragen, wie die Marines die Männer ignorieren konnten, die es schaffen sollten der erste Flug zum Mars.

„Wir bilden hier draußen unsere eigenen Reihen", sagte Pickens. „Sie sind natürlich inoffiziell, aber da Sie zu den Top Ten der Klasse 21-17 gehörten, befördere ich Sie zum Junior-Leutnant."

"Danke mein Herr."

„Na dann –" Pickens nahm einen schweren Aktenordner. „Sie sind ein Healey. Seit fünf Generationen stellen die Healeys Admirale der International Air Marines, und Sie erwarteten, der sechste zu sein." Er wartete nicht auf eine Antwort. „Aber Sie haben ein unglückliches Thema für Ihre Abschlussarbeit gewählt, und so haben Sie Ihren Abschluss nur als Kadett gemacht."

"Jawohl."

Pickens sah ihn scharf an. „Ich nehme an, dein Vater konnte nicht einmal an den Übungen teilnehmen. Die Vorschriften würden es einem Admiral verbieten, einem diplomierten Kadetten die Hand zu schütteln."

„Das ist richtig, Sir."

Pickens sah ihn fest an, dann war seine Stimme sanft:

„Wir fliegen zum Mars, Lieutenant, und wir werden sehen, ob die Air Marines das ignorieren können. Die Messinghüte glauben, sie hätten uns hier draußen begraben. Zweiundzwanzig Schiffe haben diesen Stützpunkt in den hundertfünfzig Jahren seitdem verlassen wurde im Jahr 1960 gegründet. Keiner der 22 Menschen ist je zurückgekehrt und sicher gelandet zum Mars fliegen!" In seiner Stimme lag Trotz und in seinen blauen Augen lag tödliche Entschlossenheit.

Healey richtete sich auf. Seine Augen öffneten sich ein wenig. „Ja, Sir. Ich bin dafür, Sir."

„Na dann", sagte Pickens. „Ich interessiere mich für diesen Aufsatz, der dich in der Schule schlecht gemacht hat."

Healey begann aufmerksam zu wirken. „Ja, Sir. Es ging um Atlantis und Lemuria."

„Ich weiß. Alles andere als originell. Sie haben einige Beweise überprüft, die seit Tausenden von Jahren Allgemeingut waren und die darauf hindeuten, dass ein schwerer außer Kontrolle geratener Körper um das Jahr 9000 v am Grund ihrer jeweiligen Ozeane."

"Jawohl." Zum ersten Mal war eine Leichtigkeit in Healeys Stimme zu hören. „Aber als das Papier Senator Romulus P. Philipuster , den Vorsitzenden des Ausschusses für Militärangelegenheiten, erreichte, kam es zu einem noch größeren Aufruhr."

Pickens kicherte. „Das kann ich mir gut vorstellen." Er blickte ins Leere. „Der alte Senator Stevens war ein großer Förderer der Forschung. Er sponserte die U-Boot-Expedition der Regierung nach Atlantis, und ich schätze, er steckte einen großen Teil seines Privatvermögens hinein. Aber es kam ein Philipuster , jung und ehrgeizig. Stevens war als … bekannt Eine harte Nuss, aber Philipuster wählte die wahrscheinlichste Schwachstelle und führte eine Sparkampagne durch. Er verspottete Stevens dafür, dass er Geld für eine Fantasiewelt ausgab, und machte eines Abends in einer Rede die Bemerkung, dass es kein Atlantis gab und es auch nie gegeben hatte Jeder, der daran zweifelte, konnte sich selbst umsehen.

„Er wollte wahrscheinlich nur lustig sein, aber es hat sich durchgesetzt. Philipuster wurde als der Mann bekannt, der bewies, dass Atlantis ein Mythos war, und er wurde gewählt. Wahrscheinlich wünschte er sich manchmal, er hätte es nicht geschafft, aber er konnte nicht." zurücktreten, weil die Partei es nicht zulassen wollte. Die Parteiführer waren empört und forderten, dass Philipuster etwas tun sollte. Ist das alles?

„Es scheint so, Sir", sagte Healey mürrisch.

Pickens' Gesicht war grimmig, als er die nächsten Worte aussprach.

„Ein Mann sollte immer vorsichtig sein, was er sagt, selbst in der Hitze des Streits, denn es besteht immer die Möglichkeit, dass ihm jemand glaubt." Er sah Healey scharf an. „Das Schlimmste ist, dass jeder von uns das Gleiche tun kann wie Philipuster , wenn er es am wenigsten erwartet."

„Ich nicht, Sir", sagte Healey ernst. „Ich habe meine Lektion gelernt. Ich werde niemals eine leere Bemerkung machen, die jemand anderen verletzen könnte."

„Nun, das wollen wir hoffen. Übrigens lieferte Ihre Arbeit einen beachtlichen Beweis dafür, dass die sogenannten Lemurianer das Geheimnis besaßen, der Schwerkraft entgegenzuwirken."

"Jawohl."

Pickens musterte ihn. „Wenn wir dieses Geheimnis hätten, Lieutenant, was für eine Zeitersparnis wäre das!"

Healeys Augen begannen zu leuchten. „Sie haben Recht, Sir. Ich hatte es nicht wirklich angeschlossen. Eine Raketenreise wäre ein Kinderspiel, nicht wahr? Wir würden schnell zum Mars fliegen."

Pickens nickte. „Ich frage mich, warum Philipuster Sie hierher schicken ließ", sagte er. „Bringt er Sie absichtlich an einen Ort, an dem Sie sich wehren können?"

Healey sah Pickens an. Der ältere Mann war nicht verbittert oder zynisch, wie er hätte sein können. Er hat sich gewehrt, ja. Er war ein Rebell mit gefletschten Zähnen. Aber er kämpfte nicht gegen Philipuster oder auch nur gegen die Großen der Air Marines. Er kämpfte gegen die strengen Bräuche der Marines.

Auch Healey begann zweifelsfrei zu erkennen, dass die einzige Hoffnung, diese zweihundert Jahre alte Tradition niederzuschlagen, darin bestand, etwas Außergewöhnliches, etwas Konstruktives und etwas zu tun, über das die ganze Welt sprechen und das sie respektieren würde.

„Ja, Sir", sagte er und seine Stimme klang zum ersten Mal voller Hoffnung. „Vielleicht ist er das. Wann brechen wir zum Mars auf, Sir?"

Doch es folgten drei Jahre harter Arbeit, bevor es losgehen konnte. Commander Pickens kannte sein Geschäft. Er war gründlich und er war ein Fahrer und ein Anführer. Der junge Leutnant Healey fand das sehr bald heraus. Und er entdeckte auch, dass jeder Mann auf der Basis um das Recht kämpfte, mit Pickens und dem Schiff hinaufzugehen.

Der Weltrat stellte ihnen im Interesse der Forschung reichlich Geld zur Verfügung. Pickens heuerte Cowboys von den Ranches , Bergleute aus den Bergen und Bauern aus dem Trockengebiet von Wyoming an, um die

Handarbeit zu erledigen, während sie, die zweihundert ehemaligen Offiziere und Healey, der nie Offizier gewesen war, Tag und Nacht arbeiteten und zwischendurch.

Sie haben das Schiff fertig gemacht. Es war ein großes Exemplar, fast 250 Meter lang, und sie hatten es in einer riesigen Abschussrampe mitten in der Wüste gebaut, wo es niemanden verletzen würde, wenn es explodierte. Die Atomkraft war nicht für den Flugverkehr adaptiert worden. Der Antrieb erfolgte durch herkömmliche Raketentriebwerke, jedoch mit verbesserten Düsen und neuem Treibstoff auf Stickstoffbasis, der mehr Kraft hatte als jemals hergestelltes Nitroglycerin.

Healey erkannte, dass sich durch all ihre Arbeit die heimliche Hoffnung eines jeden Mannes zog, dass sie, wenn sie erfolgreich wären, die stahlgebundene Tradition der Air Marines brechen würden. Vielleicht hatten auch andere außer Healey Väter im Militärdienst. Healey wusste es nicht. Keiner von ihnen hat jemals darüber gesprochen. Sie haben nur funktioniert.

Sie wussten, dass das Schiff vom Boden abheben und die kritische Geschwindigkeit erreichen konnte; Das Problem bestand darin, lebend zur Erde zurückzukehren.

KAPITEL II

Wagen Sie sich in den Weltraum

Erst im Jahr 2120 wurde Material für den Start geladen. Die zweihundert ehemaligen Offiziere der besten Militärorganisation der Welt stiegen die Leiter hinauf. Healey war mit Pickens im Kontrollraum.

Er hörte, wie der Kommandant den Befehl gab, die Luken zu verschließen, und dann wurde ihm klar, dass sein deprimiertes Gefühl daher rührte, dass er kein Wort von seinem Vater gehört hatte – nicht einmal gute Wünsche. Er hatte seit dem Tag seiner Abschlussfeier nichts mehr vom Admiral gehört, und das tat weh. Natürlich ersparte der alte Herr ihnen beiden Ärger, indem er ihre Beziehung vergaß, aber es tat weh. Und der Leutnant wusste, dass es dem Admiral wahrscheinlich viel mehr weh tat als ihm …

Sie sind in die Luft geflogen, aber das war nichts Ungewöhnliches.

„Denken Sie daran", sagte Pickens grimmig zu Healey, „wir sind die Siebzehnten, die sicher vom Boden abheben. All dieses Feuer und Donnern ist genauso gefährlich, wie es aussieht."

„Ja, Sir", sagte Healey, aber in seinem Herzen war ein Lied, ein männliches Lied von Raumfahrten und Menschen und den Sternen, ein Lied, von dem er wusste, dass die Menschen eine Milliarde Jahre lang singen würden.

Phoebus , den Sonnengott , getauft und sie machte ihrem Namen alle Ehre. Innerhalb von acht Stunden entdeckten sie einen Landeplatz auf dem Mond. Eine weitere Stunde später saßen sie. Der *Phoebus* ließ sich wie ein Traum handhaben. Sie kuschelte sich auf das nackte Vulkangestein, und Commander Pickens schrieb ruhig eine Nachricht für den Funkoffizier, die er zur Erde übermitteln sollte:

PHOEBUS ERREICHTE AUF BEFEHL DEN HAFEN. ALLE HÄNDE SICHER. Und er fügte zwei Worte hinzu, die grimmig an das Schicksal früherer Schiffe erinnerten: SCHIFF INTAKT .

Ja, Pickens sah ruhig genug aus, dachte Healey, bis auf seine Augen. Der Rest seines Gesichts war ausdruckslos und emotionslos, aber die Augen strahlten ein wildes, eifriges Feuer in ihren blauen Tiefen.

„Lieutenant", sagte er, und er konnte den Jubel aus seiner Stimme nicht unterdrücken, „wir sind hier!"

Dann sagte er stolz: „Leutnant, Sie werden eine Gruppe von sechs Männern nehmen und die Flagge des Weltrats hissen."

Mit nervösen Fingern befestigte Healey seinen sperrigen Druckanzug, führte seine Männer in die Luftschleuse, marschierte mit dem Gefühl der

Mondsubstanz unter seinen Füßen einen Granitfelsen hinauf, steckte den Fahnenmast in einen Spalt und klemmte ihn dort fest lose Steine, während die Ehrengarde stramm stand. Er trat zurück und salutierte mit der Fahne, dann gingen sie zum *Phoebus* .

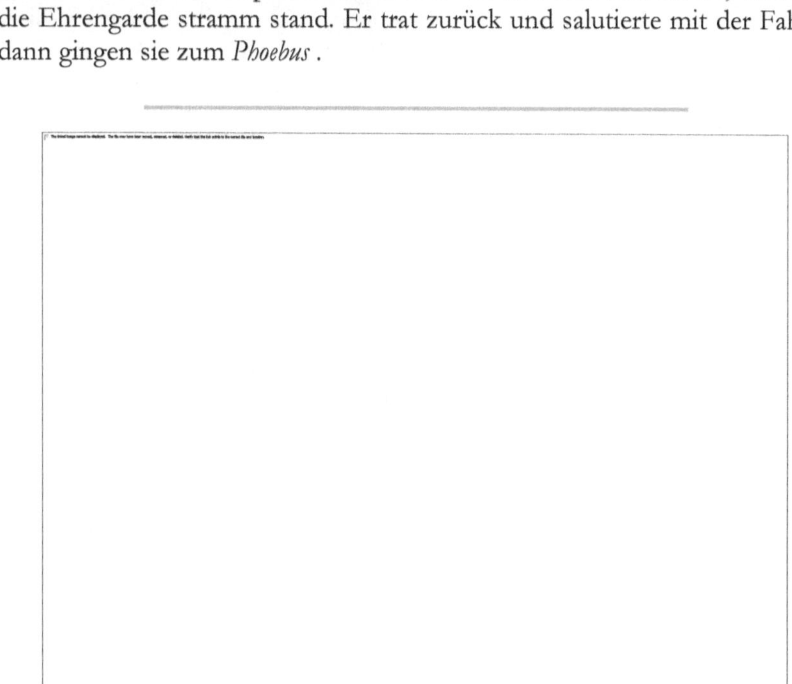

Er klemmte den Fahnenmast in einen Spalt, während die Ehrengarde stramm stand.

Die gesamte Schiffsbesatzung stand stramm, als Healey aus der Luftschleuse einmarschierte, und er konnte auf jedem Gesicht die Freude lesen, zu wissen, dass sie sich auf nichtirdischem Boden befanden. Auch in vielen Gesichtern, vor allem denen der jüngeren Männer, sah er die Hoffnung, die sie alle von Anfang an gehabt hatten – dass die Air Marines sie nicht länger ignorieren konnten.

Zwei Stunden später holte Healey den Raketenkreisel-Flitzer ab und untersuchte die drei Wracks früherer Flüge. Die Körper waren aufgrund des Mangels an Luft und Feuchtigkeit mumifiziert. Sie sammelten die Schiffsprotokolle von zwei der Wracks. Das andere Schiff war explodiert und verbrannt – oder besser gesagt, es war verschmolzen. Es war eine feste Metallmasse, wie in der Sonne geschmolzenes Eis.

Sie holten alle Leichen heraus, die sie bergen konnten, und bestatteten sie wieder auf der Erde. Sie hinterließen einen Vorrat an Vorräten für zukünftige Reisende; sie sammelten Informationen; Sie malten ein riesiges Aluminiumkreuz auf den Felsen, das die 100-Zoll-Zielfernrohre auf der Erde sehen konnten, so dass selbst die skeptischsten ihrer Kritiker zu Hause nicht leugnen konnten, dass Pickens' Schiff gelandet war.

Ganz zum Schluss malte Healey ein kleines Gesicht, aus dem eine lange Nase entstand.

„Das", sagte er wohlüberlegt, „sollte den Wissenschaftlern an der 400-Zoll-Schüssel am Aconcagua Anlass zum Nachdenken geben."

Die ganze Zeit über saß Commander Pickens mit einem grimmigen Gesichtsausdruck und einem fernen Licht in seinen blauen Augen im *Phoebus* . Sie machten sich zum Abflug bereit und Healey sagte:

„Sir, werden Sie nicht den Mond betreten?"

Pickens drehte sich mit fast fanatistischem Blick zu ihm um. „Der Mond ist eine Kleinigkeit. Ich verlasse dieses Schiff nicht auf einem anderen Planeten, bis wir den Mars erreichen."

Sie sind abgehauen. Es war etwas schwierig, in die Luft zu kommen. Das Heck der *Phoebus* schleifte ein wenig beim Auftrieb und öffnete ein paar Nähte gegen den Grat, wo die Flagge angebracht war, aber die Flagge wurde nicht beschädigt, und sie schweißten die Risse auf dem Rückweg hinter geschlossenen Schotten zusammen.

Acht Stunden nach dem Start ließen sie sich wieder über der Wüste von Wyoming nieder. Wieder landeten sie sicher, und dieses Mal war die ganze Welt da, um sie zu empfangen – die ganze Welt, außer den International Air Marines. Wenn ein Offizier der Marines anwesend war , musste er sich als Beifuß verkleidet haben, aber es gab dreihunderttausend verrückte Zivilisten in der Wüste und fast ebenso viele Reporter – und zwar an Reporter, die seitdem keine wirkliche Nachricht mehr hatten Die Atombombe im Jahr 1945, das war der Traum eines jeden Videoscanners....

Nun, sie waren zum Mond geflogen und zurückgekommen. Sie wurden vom Präsidenten einberufen. Sie bekamen Medaillen. Der Kongress stimmte ihnen den Lohn ihres „inaktiven" Status zu und erhöhte den Rang aller. Sie bekamen alles – außer dem, was sie am meisten wollten. Anscheinend haben die Spitzen der Air Marines die Videoberichte nicht gesehen.

Leutnant Healey und der Rest der zweihundert waren enttäuscht und entmutigt – alle außer Commander – jetzt Captain – Pickens.

„Nein“, sagte er. „Ich hätte nicht gedacht, dass ein kleiner Ausflug zum Mond etwas ändern würde. Aber warten Sie, bis wir vom Mars zurückkommen!“

Healey sah den Kapitän nachdenklich an. Zum ersten Mal wurde ihm klar, dass auch Pickens eine Wiedereinstellung am Herzen lag. Aber Pickens war praktischer als die anderen. Er war Kapitän der Air Marines gewesen. Er wusste, wie schwer sie zu knacken waren.

Sie machten sich wieder an die Arbeit. Kapitän Pickens schenkte nichts anderem als der *Phoebus Beachtung* . Das Leuchten würde in seinen blauen Augen erscheinen und seine Kiefer würden sich zusammenpressen und er würde sagen: „Wir fliegen zum Mars!“ Und jeder wusste, dass sie es waren.

Sie unternahmen in den nächsten zwei Jahren mehrere Reisen zum Mond und sammelten dabei Informationen, Erfahrung und Geschicklichkeit im Umgang mit der *Phoebus* . Über das Bureau of Meteorology erhielten sie den Auftrag von fünfhundert Matrosentechnikern, beim Bau eines größeren Schiffes zu helfen, und der Kiel wurde gelegt.

Aber Kapitän Pickens konnte das größere Schiff kaum erwarten. Im Jahr 2122 starteten sie zum Mars. Pickens hatte Healey am Abend zuvor angerufen.

„Sie sind im wahrsten Sinne des Wortes ein Marine, Healey. Ich mache Sie zum Lieutenant Commander. Sie werden weiterhin mein Adjutant sein.“

"Danke mein Herr."

„Ich habe es in das Video eingefügt, damit dein Vater es sehen kann“, sagte Pickens plötzlich mit sanfter Stimme. „Ich weiß, dass er es gerne wissen würde.“

Healey war erschrocken. „Kannten Sie ihn, Sir?“

Pickens‘ Kiefer bissen sich. „Ich war unter Ihrem Vater Kapitän eines Kreuzers. Er ist eine Million Prozent. Er hat die ganze Zeit für mich gekämpft. Und er hat immer von der Zeit geträumt, als Sie ein eigenes Schiff hätten, Commander.“

„Ja, Sir“, flüsterte Healey. Es fiel ihm schwer, über den Kloß in seinem Hals hinweg zu reden.

Die Fahrt verlief reibungslos, fast eintönig. Neun Tage später landeten sie mit der *Phoebus* auf der roten Erde des Mars. Es war Nachmittag und die Sonne stand klar und deutlich über uns, aber ihr Licht war ziemlich schwach.

Healey zitterte vor Aufregung, aber innerlich zitterte er. Er behielt seine Ruhe, als er sich umsah, und er wusste, dass jeder der zweihundert Männer, auch wenn sie inzwischen abgehärtete Raumfahrer waren, genauso fühlte wie er. Die Offiziere auf der Brücke sahen Pickens an. Der Kapitän holte tief Luft und sagte zu Healey:

„Commander, die Schleuse wird erst am Morgen geöffnet. Die Chemiker und Biologen usw. müssen Zeit für ihre Tests haben. Das ist nicht der Mond, wissen Sie." Er sah Healey durchdringend an.

Healey nickte. „Nein, Sir, ist es nicht."

Healey wusste, dass diese letzte Zeile von Pickens die Gefühle aller zum Ausdruck brachte, obwohl niemand einen Kommentar dazu abgab. Der Mond schien jetzt wie ein kleines Zeitzeug zu sein. Der Mond war in Wirklichkeit ein Teil der Erde, aber der Mars – der Mars – war ein eigenständiger Planet und kein Satellit der Erde. Jetzt waren sie wirklich interplanetare Reisende, und es war ein wenig beängstigend.

An diesem Abend gab es Probleme mit Rum, einem Überbleibsel der alten britischen Marine, und jeder Offizier im Stab des Kapitäns trank ein Pint besten Scotch, und niemand schlief. Alle taten so, als hätten sie zu viel zu tun. Bei Tageslicht versuchte jeder Mann, der in die Nähe eines Bullauges aus Quarz kam, nach draußen zu sehen, und der alte Mann – sie hatten sich das Vorrecht zugetraut, Pickens hinter seinem Rücken mit diesem respektvollen Ausdruck der Respektlosigkeit anzusprechen – starrte auf die Mattscheibe Bildschirm seines Videos.

„Commander", sagte er zu Healey, „was halten Sie davon?"

Healey starrte und runzelte die Stirn. Gestern hatte es nur rotes Alkali gegeben. Heute Morgen war das große Schiff von Hunderten von scheinbar riesigen Jahrhundertpflanzen umgeben.

Sie waren mannsgroß und ihre „Blätter" wehten unaufhörlich.

„Ich weiß es nicht, Sir", sagte Healey kurz darauf, „aber es sieht nicht allzu gefährlich aus."

Nach einigen Diskussionen in einer Mitarbeiterbesprechung befahl Pickens, die Luftschleuse zu öffnen, und Healey wurde mit einem Landetrupp in Druckanzügen losgeschickt, um die erste Flagge des Weltrats auf einem fremden Planeten aufzustellen.

Als sie nach draußen kamen , waren sie vollständig von Jahrhundertpflanzen umgeben. Healey hatte zu viel Angst, um begeistert zu sein. Er sah nicht, wie die Jahrhundertpflanzen ihnen Schaden zufügen könnten, es sei denn, sie wären giftig, aber dies war ein fremdes Land, eine andere Welt, und sie ähnelte überhaupt nicht dem Mond.

Aber Healey wollte den Männern nicht zeigen, dass er Angst hatte. Er sagte sachlich: „Wir werden hier eine Öffnung finden, durch diese Pflanzen gehen und die Flagge weit genug entfernt aufstellen, damit sie nicht von der Raketenexplosion versengt wird."

Vorsichtig näherten sie sich der Pflanzenwand. Einige von ihnen waren größer als Healey. Er suchte nach einem Durchbruch in ihren Reihen. „Es würde die Dinge vereinfachen, wenn sie sich bewegen würden", dachte er und in diesem Moment bildete sich unerwartet ein Weg vor ihm.

Die Pflanzen zogen sich auf jeder Seite zurück und hinterließen ihnen einen Weg.

KAPITEL III

Pflanzen bewegen

Vorsichtig ging die Gruppe ein paar hundert Meter weiter, wobei Healey souverän ging, damit die Männer nicht erraten konnten, wie er sich fühlte. Schließlich war er erst sechsundzwanzig und trug die Streifen eines Kommandanten, auch wenn diese inoffiziell waren. Ein Seemann trieb mit einem Schlitten einen Eisenpfahl in den harten Boden. Sie hissten die Flagge und präsentierten die Waffen, dann marschierten sie sofort zurück zum *Phoebus* .

Nach wie vor öffneten die Pflanzen ihnen den Weg. Healey atmete erleichtert auf, fühlte sich jedoch unwohl und blieb am Boden, bis die anderen Männer drinnen waren. Er war drei Meter von der Jakobsleiter entfernt und wollte gerade den Männern ins Innere folgen, als er ein leises Schlurfen hörte und sich umsah, um zu sehen, wie sich die Pflanzen um ihn drängten.

Es war unheimlich. Die langen Blätter wehten und tanzten, und von allen kam ein Geräusch, das sich anhörte, als würde der Wind durch die Kiefern seufzen.

Commander Healey hatte schreckliche Angst. Er machte einen Schritt zurück, und eine gigantische Pflanze, neun Fuß hoch, glitt über die Lauge und blieb vor ihm, zwischen ihm und der Leiter, stehen. Seine Blätter gestikulierten, und dieses seltsame Rascheln kam von ihm in einem unterbrochenen Strom, mit Pausen, Pausen und Variationen, die es fast wie eine sprechende Person erscheinen ließen.

Healey hatte plötzlich eine Albtraumvision, in der er von Kreaturen gefangen genommen wurde, die nicht einmal von der Erde stammten. Er duckte sich unter einem wehenden Blatt hindurch und rannte zur Leiter. Er schoss darauf, schnappte es sich hinterher und schlug die Luke zu.

Fünf Minuten später meldete er sich immer noch zitternd beim Personal.

Ihm war durchaus bewusst, dass er für einen Moment den Kopf verloren hatte.

Er war gerannt und fragte sich, was der alte Mann dachte. Als er nun dem Kapitän gegenüberstand, dachte er, es wäre besser gewesen, ein Gefangener des Mars zu sein, als den alten Mann glauben zu lassen, er sei ein Feigling.

Aber Pickens sah ihn nur beiläufig an.

„Eine ziemliche Sensation, nicht wahr, Commander, auf einem fremden Planeten zu sein?" er beobachtete.

Healey atmete leichter und begann, die Kontrolle über sich zu erlangen. Nachdem ihm der alte Mann nun vergeben hatte, konnte er sich beruhigen.

Der alte Mann war der Erste, der ihn ins Kreuzverhör nahm, dann übernahm der Schiffsbiologe.

Der Biologe stellte Fragen zu den Pflanzen.

„Ich versuche zu entscheiden, ob sie als ‚Menschen' eingestuft werden sollten", erklärte er dem alten Mann. „Sie sind zweifellos mobil und wahrscheinlich empfindungsfähig."

Irgendwie traf Healey das Wort „Mensch" falsch. Er war Kommandeur des Raketendienstes, und konnte man sagen, dass er vor irgendetwas Menschlichem geflohen war? Er sprach schnell.

„Sie könnten keine Menschen sein", sagte er. „Sie haben keine Augen."

Der alte Mann starrte Healey an. Wahrscheinlich hatte der Biologe seine eigene Definition von „Mensch", aber er bekam keine Gelegenheit, etwas zu sagen. Dies war eine völlig neue Erfahrung für die Menschen auf der Erde, und da es keinen Präzedenzfall gab, schuf der alte Mann sofort seinen eigenen Präzedenzfall.

„Ich denke, der Kommandant hat Recht", sagte er langsam. „Ich glaube nicht, dass ein Lebewesen ein Mensch wäre, wenn es keine Augen hätte."

Und da blieb es hängen. Sie hatten keine Augen, also waren sie keine Menschen.

Während der nächsten zwei Wochen schickte die *Phoebus* Erkundungstrupps aus. Der Geologe entdeckte einige vielversprechende Plutoniumvorkommen, aber außer den Jahrhundertpflanzen, die sofort als Marsianer bezeichnet wurden, gab es nirgendwo ein Lebenszeichen.

Kapitän Pickens selbst verließ schließlich die *Phoebus*, um die Erde eines anderen Planeten zu erkunden. Er versuchte, eine Handvoll aufzuheben, aber sie war verkrustet und hart.

Die gesamte Besatzung hatte vom Weltrat die strikte Anweisung, keinem Lebewesen Schaden zuzufügen und insbesondere keine Exemplare von Lebewesen oder Pflanzen mitzubringen. Jeder Mann, der versucht hätte, einen der Marsianer zu berühren, wäre vor ein Kriegsgericht gestellt worden. Ein junger Fähnrich, Marvin Browne, beschwerte sich bei Healey, dass sie im Hafen lägen und der alte Mann ihm nicht einmal eine Telefonnummer geben wollte.

„Macht nichts", sagte Healey. „Es ist ein großes Universum."

Die Marsmenschen drängten sich immer zusammen und versuchten, in das Schiff zu gelangen, wenn die Schleuse geöffnet wurde. Der Größte, der Healey am ersten Morgen erschreckt hatte, war besonders hartnäckig, und das ärgerte Healey.

Die große Jahrhundertpflanze schlurfte den ganzen Tag über auf dem Schiff umher – nachts konnten die Erdenmenschen nicht herausfinden, wohin sie ging, aber sie verschwanden – und machte dieses seltsame Rascheln, bis Fähnrich Browne ihn schließlich „Mr. Zytztz " nannte. und von da an hieß er Zytztz ....

Um die Marsmenschen nicht in der Raketenexplosion zu verbrennen, brach die *Phoebus* eines Nachts um Mitternacht auf, während die Marsmenschen in der Wüste unterwegs waren.

„Mr. Zytztz wird einsam sein, wenn er morgen früh zurückkommt und feststellt, dass wir weg sind", sagte der alte Mann nachdenklich über einer Himmelskarte.

Der Kommentar erschien Healey falsch. Er fragte sich, ob er empfindlich wurde. „Er kann nicht einsam sein, Sir. Er hat keine Augen."

„Was hat das damit zu tun?"

Das ärgerte Healey noch mehr. Der alte Mann hatte am ersten Tag an seiner Definition festgehalten. „Wenn er keine Augen hat, kann er kein Mensch sein, und wenn er kein Mensch ist, kann er nicht einsam sein", sagte Healey trotzig.

Der alte Mann sah ihn an und sagte: „ *Hm.* "

Für den Rückweg brauchten sie elf Tage, aber sie waren jede Minute beschäftigt. Sie hatten ausführliche Notizen gemacht und Tausende von Bildern mit Röntgenstrahlen, Infrarot, Gammablau, Betagelb und mit allen bekannten Filtern und Geräten sowie mehrere hundert Spulen Mikrofilm gemacht. Sie verfügten über Luftproben, Tonnen geologischer Proben, Kernbohrungen, Temperaturaufzeichnungen, Feuchtigkeitsmessungen, Strahlungsaufzeichnungen und Zählungen der kosmischen Strahlung.

Der Biologe hatte eine erstaunliche Menge an Daten für einen Mann gesammelt, der das Thema nicht berühren durfte, und er und die Botanikerabteilung waren gemeinsam beschäftigt.

Phoebus vorbereitet hätten , da Table Rock zu weit draußen in der Wildnis liege. Sie schätzten, dass Millionen von Menschen überall dort sein würden, wo der *Phoebus* landen würde, und um eine größere Katastrophe zu vermeiden, mussten sie die Menschenmassen in einem besiedelten Zentrum halten, wo sie abgefertigt werden konnten.

Als die *Phoebus* die Erde erreichte, war der Empfang enorm. Das Schiff landete auf dem neuen Raumhafen, der aus einem alten transatlantischen Flugplatz in der Nähe der Welthauptstadt umgebaut worden war, und in dem Video hieß es, dass fünfzehn Millionen Menschen auf den Straßen waren, als die Männer der *Phoebus* zur Versammlungshalle marschierten. Aber von den fünfzehn Millionen war keiner ein Offizier der International Air Marines. Für Healey war es ein schwerer Schlag, als ihm klar wurde, dass die Air Marines sie immer noch ignorierten. Auch Kapitän Pickens bemerkte es, und in seinen Augen erschien der alte Glanz, der bedeutete: „Wir sind noch nicht fertig. Wir fahren nach Andromeda und zurück, wenn es sein muss."

Er legte offiziell seinen Bericht vor, der das gesamte schriftliche Material und die physischen Beweise vom Mars enthielt – allein zwölftausend Pfund an Berichten und Fotos. Zweiunddreißig Wissenschaftler und ihre Mitarbeiter hatten viele Spekulationen angestellt. Dann teilte ihnen der Ratspräsident mit, dass jeder Mann auf der *Phoebus* um zwei Besoldungsgruppen angehoben worden sei – natürlich inoffiziell, wie er schnell hinzufügte –, ihnen aber auch angesichts unbekannter Gefahren usw. usw. eine lebenslange Zulage gewährt worden sei ohne Rücksicht auf etwaige spätere Umstände Anspruch auf volles Gehalt in Höhe ihres neuen jeweiligen Dienstgrades.

„Sie waren großartig", sagte Admiral Pickens, als er und Kapitän Healey zu ihrer Suite im International Hotel gingen.

"Jawohl." Healey war niedergeschlagen.

Pickens warf ihm einen Blick zu. „Aber die Wahrheit ist, Captain, es gibt keinen Mann der gesamten Crew, der nicht alles für ein Willkommen zu Hause von dem einzigen Ort auf der Erde hergeben würde, an dem sie es nicht bekommen haben."

„Das ist für mich schwer zu verstehen", sagte Healey, und ein wenig Bitterkeit schlich sich in seine Stimme, bevor er sie unterdrücken konnte. „Warum können sie nicht lockerer werden?"

Pickens nickte. In seinen Augen lag ein hartes Glitzern.

„Das ist selbst für mich langsam schwer zu schlucken", sagte der Alte. „Ich schätze, es gibt niemanden, der lustiger ist als Menschen – es sei denn, es sind Zytztzes ."

Healey lag eine Erwiderung auf der Zunge, doch er unterdrückte sie.

„Manchmal", sagte er, „würde ich für zwei Cent alles hinschmeißen und meinen eigenen Flugdienst organisieren."

„Erhöhen Sie besser Ihren Preis", sagte der alte Mann weise, „denn trotz ihrer Spießigkeit, ihrer strengen Disziplin und ihrer unbeugsamen Traditionen – ich nehme an, man könnte ehrlich sagen, möglicherweise wegen dieser Dinge – sind die International Air Marines es." immer noch die glorreichste und exklusivste Militärorganisation aller Zeiten auf der Erde. Sie sollten wissen, dass Sie der sechste Admiral Healey waren. Der alte Mann musterte ihn einen Moment lang. „Du hoffst immer noch", sagte er. „Das tun wir alle auch, aber jedes Mal, wenn wir eine Umlaufbahn überqueren, wird es dünner. Ich beginne jetzt zu verstehen, was ich schon vor langer Zeit hätte sehen sollen. Die Air Marines werden es nicht riskieren, einer Eintagsfliege ihre Zustimmung zu erteilen. Vielleicht, wenn." wir bleiben unser ganzes Leben lang dabei …" Er kam nicht zu Ende.

Am nächsten Abend trank Kapitän Healey einen entspannten Drink im Patio, ohne seinen Zopf, da die Parias der Marines ihre Streifen nicht in der Öffentlichkeit trugen. Ein sehr großer Mann kam vorbei und ließ sich auf den Platz gegenüber dem Tisch fallen.

„Nun", sagte er zwischen Hicks , „Wunner, was die Air Marines jetzt denken, wo die armen Kadetten ihren Ruhm verloren haben. Parias der Spaceways . Heh, heh! Das ist gut so. Parias der Spaceways lassen Air Marines beschissen aussehen !" "

Captain Healey erhob sich und stand fest in seiner blaugrünen Uniform, ohne Streifen, ohne Verzierungen, ohne alles außer den massiven Goldknöpfen der Air Marines.

„Sir, Sie sind betrunken", sagte er. „Du weißt nicht, was du sagst."

Der große Mann stand auf und war einen Kopf größer als Healey und doppelt so breit. Erstaunlicherweise wackelte er beim Aufstehen nicht.

„Sehen Sie, Herr." Er legte einen massiven Zeigefinger auf Healeys Brust, und wenn Healey nicht gestützt worden wäre , wäre er umgestoßen worden. „Sie haben von den Air Marines einen schmutzigen Deal gemacht, und ich für meinen Teil bin froh, dass Sie sie angezeigt haben . Der schmutzige –"

Er war nicht fertig. Healey trat zurück, berechnete die Reichweite und den Widerstand und ließ den großen Mann einen auf den Knopf drücken. Es war ein sehr kräftiger Schlag – sogar so kräftig, dass der große Mann in voller Länge auf dem Boden lag.

„Er hat die Marines beleidigt", sagte Healey reumütig, als Pickens ihn an diesem Abend gegen Kaution freigab. „Können sie nicht verstehen, dass wir nicht böse auf die Marines sind? Wir versuchen, *wieder* in die Marines einzusteigen."

Pickens seufzte.

„Den Menschen mangelt es wahrscheinlich mehr als allen anderen an Verständnis", sagte er.

KAPITEL IV

Herr Zytztz kommt an Bord

Eine Woche später gründete der Weltrat ein Interplanetarisches Büro, und eine seiner Unterabteilungen war die Klassifikationsabteilung. Der alte Mann wurde um eine Empfehlung für die Mitgliedschaft in dieser Sektion gebeten und er empfahl Healey.

„Es ist vor allem eine Ehre, mehr als alles andere."

Aber bei der ersten Sitzung wurde Healey zum Vorsitzenden gewählt und dann entdeckte er plötzlich, dass die Klassifizierungsabteilung die Aufgabe hatte, festzustellen, ob nichtirdische Wesen anthropomorph oder, mit anderen Worten, menschlich waren.

Sie hatten Healey zur Stelle. Er konnte nicht nachgeben, also schlug er vor, dass kein Lebewesen „Mensch" genannt werden sollte, es sei denn, es hätte Augen, und diese Regel wurde einstimmig angenommen.

Am nächsten Tag las er, dass die Ethikabteilung, um Ärger vorzubeugen, eine Regelung erlassen hatte, nach der in den nächsten fünfzig Jahren kein außerirdisches Geschöpf jeglicher Art einer Obduktion unterzogen werden dürfe.

Anscheinend war sich die gesamte Erdbevölkerung der Gefahr, unbekannte Kreaturen zu beleidigen, äußerst bewusst, und überall wurde Druck ausgeübt, um eine Reihe von Gesetzen zu erlassen, die Verletzungen oder Beleidigungen für die Marsmenschen oder andere nichtirdische Bewohner absolut ausschließen würden Planet. Senator Philipuster gab bekannt, dass er vier Tonnen Telegramme zu diesem Thema erhalten hatte, die nach ordnungsgemäßer Zählung sorgfältig verbrannt wurden.

„Ich werde den Schutz aller außerirdischen Lebewesen unterstützen", kündigte er an, „zumindest bis wir mehr über ihren Hintergrund erfahren."

„Mit anderen Worten", kommentierte Healey, „bis er weiß, wie weit er sicher gehen kann."

Der Weltrat beauftragte daraufhin die *Phoebus*, bei der nächsten Reise drei Marsianer mitzubringen, vorausgesetzt, diese wären uneingeschränkt dazu bereit.

Phoebus warteten die Jahrhundertpflanzen auf sie . Der Biologe und seine Mitarbeiter erforschten zwei Wochen lang ihr Leben, fanden aber nicht viel heraus.

Es wurden Trupps abkommandiert, um sie zu überwachen. Sie folgten den Marsmenschen nachts, als die Jahrhundertpflanzen in die Wüste gingen, aber die Pflanzen gingen nirgendwohin. Sie gingen in die Wüste und rollten sich wie echte Jahrhundertpflanzen zu kleinen Kugeln zusammen, um sich vor der Kälte zu schützen, aber offenbar schliefen sie nicht. Die Trupps konnten ihnen nicht näher kommen als tagsüber, ohne dass die Blätter der Pflanzen zu winken begannen und irgendwo in ihnen dieses seltsame Rascheln zu hören war.

Am Ende der zwei Wochen kam er zu dem Schluss, dass sie harmlos waren, und das war auch schon alles. Kein Erdenmensch sah jemals einen Marsmenschen essen, schlafen oder die Augen öffnen.

Schließlich kamen der Biologe und der Botaniker zusammen und beschlossen, sie mit allem zu umgeben, was der *Phoebus* an künstlicher Nahrung zu bieten hatte, was beträchtlich war – es gab sogar künstlichen Puffweizen zum Frühstück.

Dann sagte der alte Mann zu Healey: „Besorgen Sie uns drei davon."

Healey ging in seinem Druckanzug nach draußen. Es war kurz vor Sonnenuntergang, und Mr. Zytztz und seine Kameraden standen alle in ihren ewigen Reihen um das Schiff herum, als warteten sie auf etwas. dachte Healey, fast so, als hätten sie schon lange gewartet und als wüssten sie, dass sie durch die Kraft purer Geduld das bekommen würden, worauf sie warteten – eine Geduld, die sich über Tausende von Jahren erstrecken könnte.

einen Moment vor Mr. Zytztz , und Mr. Zytztz begann sich zu bewegen und zu flüstern, fast so, als wüsste er, dass sie ihn wollten und er es kaum erwarten konnte, loszugehen. Healey begann, die Jakobsleiter hinaufzuklettern.

Herr Zytztz trottete wie immer auf die Leiter zu.

Doch dieses Mal wartete Healey, als er den äußeren Teil der Luftschleuse erreichte. Mr. Zytztz' neun Fuß wehende Blätter reichten bis zur Leiter. Mr. Zytztz zögerte nicht. Er stieg hinauf, und Healey hätte schwören können, dass die Blätter ihre Enden eifrig um die Sprossen der Leiter wickelten.

Zu diesem Zeitpunkt war die ganze Wüste voller Zytztzes auf dem Weg zur Leiter.

Healey hatte ein wenig Angst, aber dieses Mal wusste er, was er tun würde. Er ließ zwei weitere von ihnen auf die Leiter steigen und gab dann ein Zeichen, dass sie sich schnell zurückziehen sollten .

Er hatte sich ein wenig Sorgen gemacht, dass die Zytztzes Angst bekommen und vielleicht abstürzen würden, aber wenn sie sich nicht wohl fühlten , konnte er es nicht sagen. Die einzige Reaktion, die er bekam, war, dass die am Boden zurückgelassenen Zytztzes so taten, als wären sie enttäuscht. Ihre Blätter hingen ein wenig herab, als die Leiter außer Reichweite war, und sie blieben stehen, Hunderte von ihnen, mit einer einzigen Bewegung.

Woher sie wussten, dass die Leiter oben war, war ein Rätsel.

Als die drei drinnen waren, befahl Healey, die Luftschleuse zu verschließen und begleitete die Marsmenschen in ihren Spezialraum. Die Blätter von Mr. Zytztz bewegten sich überallhin und berührten sanft seltsame Gegenstände und seltsame Materialien – oder Healey nahm an, dass sie ihm fremd waren, denn schließlich hatte Mr. Zytztz sein ganzes Leben auf dem Mars gelebt und sie hatten nichts wie Stahl oder Messing oder dergleichen poliertes Mahagoni auf dem Mars. Sie hatten dort nichts außer Alkali und Steinen und Plutonium und Zytztzes .

Healey verließ sie, um beim Start auf der Brücke zu sein. Der *Phoebus* war in der Luft, sobald die anderen Zytztzes in die Wüste zurückkehrten, und dann wandte sich der alte Mann an Healey.

„Captain, rufen Sie Mr. Zytztz herein .“

"Jawohl." Healey holte tief Luft und ging in den Sonderraum. Er öffnete vorsichtig die Tür. Sie hatten eine große Kiste mit Marswüste in der einen Hälfte des Raumes, aber die drei Zytztzes saßen zusammengedrängt im Bullauge und beobachteten die Sterne, und sie waren darauf *fixiert* , dachte Healey, wie es bei keiner Pflanze jemals der Fall sein würde.

Healey wusste nicht genau, wie er Mr. Zytztz zum Admiral bringen sollte, ohne die anderen beiden mitzunehmen, aber als er die Tür öffnete , rechnete er damit, etwas zu sagen, das lustig klingen sollte, wie zum Beispiel: „Alles klar, ihr Auberginen, macht euch auf den Weg.“ " Aber Mr. Zytztz drehte sich zu ihm um – das heißt, Mr. Zytztz drehte sich im Halbkreis, und Healey hatte das seltsame Gefühl, dass Mr. Zytztz ihn beobachtete.

Healey sah scharf aus, aber offensichtlich waren keine Augen da.

„Sir“, sagte Healey, „der Admiral möchte Sie sehen – nur Sie“, sagte er.

Natürlich erwartete Healey nicht, dass sie es verstehen würden.

Er wusste einfach nicht, was er sonst tun sollte, und wenn er die Worte, seine Bewegungen oder etwas anderes durchgehen würde, würde er vielleicht eine allgemeine Vorstellung davon bekommen.

Nun, sie verstanden es – so gut, dass es Healey fast zu Tode erschreckte. Mr. Zytztz begann auf ihn zuzuschlurfen. Die anderen beiden rührten sich nicht. Healey wischte sich den Schweiß von der Stirn, drehte sich um und ging voran durch den Korridor zur Brücke. Herr Zytztz folgte ihm und beugte sich kräftig, um zu verhindern, dass seine Blätter an der Decke kratzten.

Er stand geduldig in der Mitte des Raumes und blickte den Admiral an. Das gab Healey einen Schrecken. Woher wusste Herr Zytztz, wer der ranghöchste Offizier war? Niemand hatte ein Wort gesagt. Woher wusste er, dass jemand im Raum war? Woher wusste er überhaupt, dass dies der Raum war? Vielleicht war es ein Unfall.

Jetzt gingen alle um ihn herum, musterten ihn und redeten auf eine Weise über ihn, die sehr unhöflich gewesen wäre, wenn er ein Mensch gewesen wäre, aber Herr Zytztz stand ganz ruhig und geduldig auf seinem Pirsch und wehrte sich nicht einmal, als der Botaniker ihn berührte seiner „Blätter".

Hin und wieder, nachdem jemand eine Bemerkung gemacht hatte, kam von Herrn Zytztz dieses seltsame Rascheln , fast so, als ob er antworten wollte.

Nun, sie kamen in vierzehn Tagen zur Erde zurück. Sie übergaben die drei Zytztzes an den Weltrat, der während ihrer Abwesenheit in Interweltrat umbenannt worden war, und die Videosprecher nannten ihn bereits IWC.

Es gab ein großes Bankett, bei dem drei Zytztzes so förmlich behandelt wurden, als wären sie Diplomaten einer mächtigen Nation. Sie saßen am Festtisch, aber sie blieben stehen; sie saßen nicht. Sie hörten den Reden zu oder schwiegen zumindest während der Gespräche, selbst als der alte Senator Philipuster in seiner offiziellen Funktion zweieinhalb Stunden lang klangvolle Sätze wie „Der Anbruch einer neuen Ära des interplanetaren guten Willens" von der Zunge rollte des US-Delegierten bei der IWC. Aber nachdem sich der Senator gesetzt hatte und alle dachten: „Gott sei Dank", senkten sich die oberen Blätter von Herrn Zytztz auf den Boden und er machte diese raschelnden Geräusche.

Die Zytztzes wurden in New York, London, Moskau, Sydney und San Francisco ausgestellt. Aber nach drei Monaten sahen sie nicht besonders gut aus.

Sie schienen ein wenig zu welken. Ihre Blätter sahen nicht mehr so frisch und grün aus wie vorher, und sie hingen mit zunehmender Bewegung immer mehr herab.

Kapitän Healey war für sie verantwortlich und sah, dass sie von allen Bedingungen umgeben waren, die sie auf dem Mars gekannt hatten, sogar von einer Vakuumkammer mit Luft von genau den gleichen Verhältnissen wie auf dem Mars und bei demselben Druck und derselben Luftfeuchtigkeit und mit der gleichen Temperatur gleiche Temperaturschwankungen, aber es hat nicht geholfen.

Er konnte sich nur vorstellen, dass sie einsam waren, also überredete er die IWC, sie zum Mars zurückzubringen ...

Auf dieser Reise durften sie die Freiheit des Raumschiffs genießen und es dauerte nicht lange, bis ihnen klar wurde, dass sie geborene Raumfahrer waren. Mr. Zytztz blieb eine ganze Weile mit Healey auf der Brücke, und wenn Leutnant Browne, der Navigator, außer Dienst war, beobachtete Mr. Zytztz stundenlang die Sterne, und dann berührten seine Blattenden sanft die Kontrollen, als ob er es wäre einen Kurswechsel vorschlagen.

„Und zum Teufel damit", sagte Healey dem alten Mann, „er hat immer recht, wenn Browne nach uns schaut."

Damals hing die Ätherreise stark von der Navigation ab, denn es waren noch keine Maschinen entwickelt worden, um alle Kräfte zu berücksichtigen, die durch die verschiedenen Gravitationskräfte, die Sonnendrift, die Zentrifugalträgheit, seltsame magnetische Ströme, Geschwindigkeit, Flugbahn und Planetenumlaufbahnen ausgeübt wurden und die immer noch ungeklärte Ätherdrift. Oder besser gesagt, die Maschinerie könnte zwar hergestellt werden, aber ein einziges Schiff könnte sie nicht transportieren.

Ob Herr Zytztz sehen konnte oder nicht, er wusste, wie er zum Mars gelangen konnte, auch wenn der Rote Planet zu diesem Zeitpunkt bereits viel weiter entfernt war und es über einen Monat dauerte, dorthin zu gelangen. Herr Zytztz schwebte stundenlang über dem Videobildschirm und ging dann zu einem der Bullaugen und blieb noch stundenlang stehen und blickte auf das Sternbild Vela mit einer Deklination von etwa fünfzig Grad minus. Manchmal variierte er dies, indem er an der Himmelskarte stand und mit den Blattspitzen die schweren Leinenseiten umblätterte.

Kapitän Healey ließ ihn strikt in Ruhe, beobachtete ihn zunächst, machte sich aber inzwischen nicht mehr die Mühe, dies zu tun.

Herr Zytztz lernte, wofür ein Bleistift da war, und er nahm sich einen Notizblock und machte sich Notizen oder Berechnungen, die meist aus verschiedenen Anordnungen von Punkten und geraden Linien bestanden. Anscheinend diente das nur seiner Unterhaltung, denn er zerknüllte die Laken immer und warf sie in den Papierkorb.

Und ob er sehen konnte oder nicht, er hatte ein ausgezeichnetes Wahrnehmungsvermögen, denn er verfehlte nie den Korb. Kapitän Healey beneidete ihn um seine Genauigkeit.

Aber Healey entdeckte eines: Die Zytztzes waren keine Handwerker.

Eines Tages benutzte Herr Zytztz einen Druckbleistift, dem die Mine ausging, und er arbeitete eine Stunde lang daran, ohne herauszufinden, was falsch war oder wie man ihn auseinandernehmen konnte. Er stand einfach da, drehte es mit den Blattspitzen um und untersuchte es ziellos, berührte es hier und da oder zog sanft daran, aber offensichtlich so hilflos wie ein Baby. Er übergab es schließlich Healey zur Reparatur, und der Kapitän kam zu dem Schluss, dass Mr. Z. mit einem Atomtoaster nicht viel taugen würde.

Als Healey ihm den Bleistift mit einer neuen Mine zurückgab, entdeckte er, dass Mr. Zytztz sprechen konnte.

Irgendwo in seinen Blättern ertönte ein Rascheln, das deutlich „Danke" sagte. Healey hatte sich so an ihn gewöhnt, dass er „Gerne geschehen" sagte, bevor ihm klar wurde, was passiert war, und dann mit weit geöffneten Augen auf die Pflanze starrte und herausplatzte:

"Du kannst reden!"

Mr. Zytztz' Blätter nickten – ziemlich selbstgefällig, dachte Healey, und das Rascheln ertönte erneut, und Healey verstand weitere Worte.

Sie klangen wie: „Ich freue mich, dass Sie verstehen. Unsere Aussprache ist nicht sehr gut, aber ich werde versuchen, es besser zu machen."

Healeys Mund war offen. Ja, Herr Zytztz konnte reden. Seine Worte wurden von diesem Rascheln begleitet, das die Geräusche verschwommen und nicht zu deutlich machte, aber wenn man genau zuhörte, wie man es tun würde, wenn man einen Ausländer eine unbekannte Sprache sprechen hörte, konnte man verstehen.

Healey konnte überhaupt nicht erkennen, woher das Geräusch kam, aber was ihn verblüffte, war die Tatsache, dass Mr. Zytztz ohne Coaching oder Unterricht in wenigen Monaten gelernt hatte, die sogenannte englische Sprache mit grammatikalischer Perfektion zu sprechen – und nicht nur auf Englisch Phrasen entweder; wie „Gib mir einen Schinken auf Roggen" oder „Wie wäre es mit einem Schuss in den Arm, Kumpel, um die Spinnweben aus meinem Gehirn zu fegen?" sondern abstrakte Konzepte.

„Meine Aussprache ist nicht sehr gut", hatte Herr Zytztz gesagt!

KAPITEL V

Der Harmonie zuliebe

Healey machte einen Spaziergang. Er ging zur Bar, um sich einen Schluck *Tequila zu holen* . Der Barkeeper mixte ihm ein paar Atomic-Busters, und er fasste sich wieder zusammen und ging zurück zur Brücke.

Er erzählte dem alten Mann davon, aber Pickens war nicht mehr so jung. Er ließ sich durch nichts erschrecken. Leutnant Browne (der früher Fähnrich Browne gewesen war) war begeistert.

„Vielleicht", sagte er, während Herr Zytztz vor einem Bullauge auf der anderen Seite des Raumes stand, „vielleicht könnte unser vegetarischer Freund ein paar Zahlen für mich ausgraben, wenn wir zum Mars kommen."

Herr Zytztz drehte sich halb auf seinem Stiel. Der Mund des Leutnants öffnete sich ganze fünfzehn Zentimeter. Die Blätter von Herrn Zytztz senkten sich sanft und hoben sich, was fast wie ein Lächeln aussah.

„Ja, Lieutenant", sagte er mit seiner verschwommenen Stimme, „ich kenne zu Hause ein paar sehr heiße Nummern." Dann schienen seine Blätter für einen Moment herabzuhängen, als wäre er traurig, und er wandte sich wieder dem Bullauge zu und blickte auf das Sternbild Vela.

Browne schluckte und Healey sagte trocken: „Den Gang links von Ihnen entlang, Lieutenant, und sagen Sie Joe, er soll sie auf meine Rechnung setzen."

Browne starrte ihn an und sagte dann: „Ja, Sir", salutierte steif und ging fast aus dem Takt.

Ein leises Rascheln kam von Herrn Zytztz . „Ungeil, nicht wahr?" sagte er, ohne sich umzudrehen.

„Er hat gerade erfahren", sagte Healey, „dass seine Schwiegermutter ein Engel ist."

„Entschuldigung", murmelte Mr. Zytztz und wandte sich dann zögernd an Healey. „Glauben Sie nicht, dass diese religiösen Konzepte etwas veraltet sind?"

Was könnte man mit einem frühreifen Vierjährigen anfangen, der darauf bestehen würde, die Irrtümer der Storchgeschichte aufzudecken? Das ist es, was Healey mit Mr. Zytztz gemacht hat – nichts.

„Schau", sagte er. „Das tut mir leid. Ich habe nur versucht, lustig zu sein."

Herrn Zytztz waren für einen Moment still, dann bewegten sie sich abrupt und knisterten vor aller Welt wie Gelächter.

„Oh, ich finde dich sehr lustig", sagte er leise.

Healey holte tief Luft und ging hinüber, um die Tagesbefehle aufzuschreiben. Als er einmal aufblickte, sah er, dass Pickens ihn beobachtete, und der Admiral hielt sein Gesicht bis auf eine Falte in seinem Mundwinkel gerade.

Sie landeten in dieser Nacht auf dem Mars.

Herr Zytztz sagte, dass er und seine Begleiter das Schiff gerne sofort verlassen dürften, also öffneten sie die Schleuse und ließen sie los. Herr Zytztz versprach, morgen früh zurück zu sein.

Aber erst als Healey ihn und seine beiden Gefährten im Schein der Landescheinwerfer über das rote Alkali schlurfen sah, wurde ihm klar, wie sehr müde und geschrumpft sie waren. Herr Zytztz war nicht größer als 2,40 Meter.

Aber am nächsten Morgen waren sie zurück. Mr. Zytztz kletterte die Leiter hinauf und klopfte an die Luftschleusentür, und Healey ließ ihn hinein. Healey war erstaunt, als er ihn sah. Herr Zytztz war frisch und grün und – nun ja, rundlich.

Er spürte offenbar Healeys Erstaunen, denn er sagte: „Ah, die Wüstenluft ist wunderbar, mein Freund – besonders nachts."

Er antwortete nur vage, als Healey herauszufinden versuchte, was die Veränderung verursacht hatte, und Healey zu dem Schluss gezwungen wurde, dass es die Ruhe und Einsamkeit usw. waren, mit anderen Worten, die psychologische Wirkung der Umgebung. Das setzte natürlich voraus, dass Herr Zytztz einen menschlichen Verstand hatte.

Herr Zytztz bat darum, den alten Mann zu sehen. „Einige meiner Kameraden", sagte er, „würden gerne auf Ihrem Schiff arbeiten."

Der alte Mann war fassungslos. "Arbeiten!"

„Sie werden für Sie gut funktionieren", versprach Herr Zytztz .

Der alte Mann stotterte. „Nun, Nells Glocken! Ich brauche keine Helfer. Ich – was denken Sie, Captain?"

Healey zögerte. Dann sagte er: „Was denken Sie, Lieutenant Browne?"

„Sir", sagte der Leutnant und sprach nur zu Healey, „ich sage, ein wenig Verbrüderung wird zu besseren interirdischen Beziehungen beitragen."

Healey wandte sich mit vollkommen toter Stimme wieder dem alten Mann zu. „Sir", sagte er, „ich sage, ein wenig Verbrüderung wird zu besseren interirdischen Beziehungen beitragen."

Der alte Mann blickte sie beide böse an und dann Mr. Zytztz . Die Blätter von Herrn Zytztz zitterten sanft.

„Wir nehmen sechs davon", stotterte der Alte, „aber Sie werden zur Verantwortung gezogen."

„Ja, Sir", sagte Herr Zytztz prompt. „Und wir werden vermutlich die üblichen Löhne erhalten."

Die Augen des Alten verengten sich. „Ja", sagte er nachdenklich, „zumindest auf dieser ersten Reise. Danach liegt es an der IWC."

"Danke mein Herr." Ein Blatt hob und senkte sich zum Gruß, und Mr. Zytztz schlurfte schnell hinaus.

Der alte Mann knurrte Healey an. „Für eine Pflanze, die nicht menschlich ist, lernt Ihr Marsfreund schnell."

Healey zuckte zusammen. Darüber hatte er schon viel nachgedacht.

Die Zytztzes waren perfekte Arbeiter; Sie waren kompetent, stark und unermüdlich. Aber einige Dinge konnten sie nicht tun – selbst bei einer einfachen Reparatur brauchten sie Hilfe, aber ansonsten hatten sie einen guten Verstand. Sie befolgten Befehle sogar noch besser als die Roboter auf der Erde.

Auf der Heimreise erfuhr Healey, wie sie die Sprache gelernt hatten. Sie lesen tatsächlich die Gedanken der Menschen. Wenn ein Mann sprach, bekamen sie das geistige Bild aus seinem Kopf. Healey erinnerte sich an einige der treffenden Bemerkungen, die er bei der Anhörung von Herrn Zytztz gemacht hatte , bevor er überhaupt eine Ahnung von deren Verständnis hatte, und es war, um konservativ zu sein, beunruhigend. Er erinnerte sich daran, wie er ihnen zum ersten Mal das Recht verweigert hatte, als Menschen eingestuft zu werden, und als sie Havanna wieder erreichten , berief er eine Sitzung der Klassifizierungsabteilung ein und schlug vor, die Marsianer neu zu klassifizieren. Aber die anderen Mitglieder stimmten ihn ab und zitierten sein eigenes Gesetz: „Sie müssen Augen haben."

Healey schlug einen Änderungsantrag zur Aufhebung dieses Gesetzes vor, stellte jedoch fest, dass eine Organisation umso schwerfälliger ist, je größer sie ist. Die Abteilung lehnte seinen Änderungsantrag eiskalt ab, und es blieb ihm nichts anderes übrig, als an die Anwaltskammer zu gehen und eine umfassende Untersuchung der Wirksamkeit von Atomwaffen einzuleiten. Er hätte seinen inoffiziellen Rang im Raketendienst gegeben, um das Unrecht wiedergutzumachen, das er den Zytztzes angetan hatte .

In den nächsten Jahren arbeiteten zahlreiche Zytztzes an Raumschiffen, von denen es ziemlich viele gab. Der einzige Haken bei den Zytztzes war, dass sie etwa alle sechs Monate zum Mars zurückkehren mussten, um sich zu erfrischen.

Ansonsten waren sie perfekte Arbeiter. Sie machten nie Ärger und waren nie krank.

Eines Sommers schoss der *Phoebus auf einer Flugbahn über die Sonne hinweg, als Healey mit dem alten Mann über die* Zytztzes sprach .

„Es besteht für mich kein Zweifel, dass sie Menschen sind", sagte er. „Ein Mensch muss doch eine Seele haben, oder nicht?"

Der Alte sah ihn scharf an. „Das ist nicht die gleiche Definition, die Sie vor ein paar Jahren gegeben haben."

Healey errötete. „Nein, Sir. Ich habe mich geirrt, und das tut mir leid. Sie haben tatsächlich Seelen. Jedes Lebewesen, das den Äther so liebt wie die Marsianer, muss einfach eine Seele haben."

Der Alte nickte. „Ich glaube, Sie haben recht. Egal, was ein Mensch sonst sein mag, wenn er diesen Funken nicht in sich trägt, wird ihn die Raumfahrt ins Wanken bringen."

Die Zytztzes hatten diesen Funken, das wusste Healey. Aufgrund der Art und Weise, wie sie von Anfang an damit umgegangen waren, konnte sich Healey des Eindrucks nicht erwehren, dass sie unauslöschliche Erinnerungen an Tage in der fernen Vergangenheit gehabt haben mussten, als ihre Vorfahren vielleicht im Weltraum gereist waren.

„Es ist lustig", sagte Lieutenant Browne eines Tages. „Man könnte meinen, dass sie schon so lange auf dem Mars waren, dass sie Wurzeln geschlagen hätten, aber beim ersten Flug werden sie nicht einmal weltraumkrank."

„Es gibt viele Dinge an ihnen, die ich nicht verstehe", sagte Healey.

Im Jahr 2125 ordnete die IWC eine Volkszählung der Marsianer an. Es waren genau siebenhundertsiebenundsiebzig. Seltsamerweise gab es keine Jungen. Alle waren Erwachsene.

In weiteren fünf Jahren besaß jeder einzelne Zytztz den Dienstgrad Seemann erster Klasse. Nur einer war darüber hinausgekommen, denn die Raumfahrt hatte sehr schnell das strengste Kastensystem aller Zeiten entwickelt. Es war eine Anomalie, die sich in den Reihen der Männer entwickelte, die selbst von den Air Marines diskriminiert wurden. Oder vielleicht lag es daran. Auf jeden Fall waren Raumsegler und Raumoffiziere weitaus exklusiver als alles, was die Air Marines zu bieten hatten. Vielleicht lag es an dem Glamour, den die Nähe eines plötzlichen Todes verlieh, aber kein Erdenmensch würde Befehle von einem Nichtmenschen entgegennehmen.

Derjenige, der über den Status eines Seemanns hinausgegangen war, war Mr. Zytztz , der zum Oberbefehlshaber ernannt worden war – und diese Beförderung hatte einen Aufruhr und Beinahe-Meuterei auf der Spitzenpassagierfahrt nach Luna ausgelöst. Auf Fürsprache von Admiral Pickens wurde Herr Zytztz nicht degradiert, aber seine Autorität war streng auf Marsianer beschränkt.

Niemand hatte irgendeine Beschwerde gegen Herrn Zytztz , außer dass er „ein Jahrhundertwerk" war, und gerade wurde eine IWC-Regel verabschiedet, die besagte, dass kein Erdenmensch unter die Aufsicht von jemand anderem als einem Erdenmenschen gestellt werden dürfe. Damit war es offiziell.

Aber die Zytztzes nahmen es hin und kümmerten sich um ihre eigenen Angelegenheiten und erledigten ihre Arbeit. Mr. Zytztz fragte Healey, was er mit seinem Gehalt machen sollte. Der Kapitän schlug ihm vor, ein Sparkonto bei der Interplanetary National Bank zu eröffnen. Als Healey das nächste Mal in die Bank kam, überraschte ihn die Kassiererin mit der Information, dass jeder der siebenhundertsiebenundsiebzig Zytztzes angeordnet hatte, dass sein Gehalt auf Mr. Zytztz' Konto eingezahlt wurde.

Im Jahr 2130 wurde die reguläre Volkszählung durchgeführt und ergab siebenhundertsiebenundsiebzig Marsmenschen. Keine Jungen. Alle Erwachsenen. Keine Todesfälle. Keine Geburten.

Healey hätte Mr. Zytztz danach fragen können, aber irgendwie hatte er nie ganz den Mut. Das war auch seltsam, denn Healey gab Mr. Zytztz Aufgaben, die ihn die meiste Zeit auf der Brücke hielten, und Healey fragte ihn praktisch alles und bekam immer eine Antwort. Es gab keine Ausweichmanöver. Aber es gab ein paar persönliche Themen, über die der Kapitän mit ihm reden wollte, und als er sich an ihn wandte, um mit ihm zu reden, hielt ihn irgendetwas davon ab. Irgendwie strahlte Herr Zytztz eine stille Zurückhaltung aus, die unter normalen Umständen kein sensibler Mann zu durchdringen versuchen würde.

Dann zog sich Pickens zurück. Er war kein alter Mann, und er hatte eine vollständige Osterhus-Verjüngung erfahren und war noch sechzig Jahre lang gut, aber er war ein besiegter Mann. Ein verbissener Ausdruck lag in seinen Augen, als er Healey sagte:

„Ich dachte, die Air Marines würden uns erkennen, wenn wir zum Mars fliegen, aber das geht nicht. Ich gebe auf. Ich schätze, es gibt niemanden, der nüchterner ist als die Menschen."

Healey und der Rest der Parias hatten inzwischen ebenfalls aufgegeben, aber niemand außer Admiral Pickens würde es zugeben. Sie haben einfach nicht mehr viel darüber nachgedacht .

KAPITEL VI

Mauer der Vorurteile

Schließlich wurde Healey zum Konteradmiral befördert und mit der Leitung der Expedition zum Jupiter beauftragt. Sie bauten ein neueres und größeres Schiff, und die Nichte von Senator Philipuster , Clarissa, taufte es „ *Twinkling Star*" mit einer Flasche Champagner, die Commander Browne, jetzt Healeys Adjutant, dazu brachte, sich die Lippen zu lecken.

Sie machten ein paar Probefahrten nach Luna und besorgten dann Proviant für die Reise zum Jupiter. Healey bat Mr. Zytztz , als sein Eskorte zu fungieren – oder Kammerdiener, wie man im 19. Jahrhundert gesagt hatte – , und eines Nachts machten sie sich auf den Weg in einem Schwall grüner Raketenflammen, der offenbar die gesamte Insel Kuba erleuchtete.

Alles verlief nach Plan. Es stellte sich heraus, dass Jupiter ein ziemlich fester Planet mit einer enormen Schwerkraft war, die das Kraftwerk *des Funkelnden Sterns* unter Druck setzen würde , um zu entkommen, aber das Methangas und so weiter befanden sich in Wolken Hunderte von Kilometern über der Oberfläche, und sie landeten gut und fest die IWC-Flagge im Namen Gottes, der IWC und Senator Philipuster .

Sie führten einige Erkundungen durch und lokalisierten viele Erze, darunter Quellen für Americium und Curium, Nr. 95 und 96 im Periodensystem, aber es gab keine Lebewesen oder wachsenden Dinge jeglicher Art, und Healey war erleichtert, dass dies der Fall sein würde Es besteht keine Notwendigkeit zu entscheiden, ob jemand ein Mensch oder ein Unmensch ist.

Nach drei Wochen rief er die beiden Aufklärungsboote herbei und machte sich unter lautem Ächzen der Antriebsaggregate auf den Weg. Nachdem sie die kritische Geschwindigkeit erreicht hatten , verringerten sie das Stampfen der Motoren und entspannten sich. Commander Browne und Mr. Zytztz und Admiral Healey waren im Kontrollraum.

„Nun, Mr. Zytztz ", sagte Healey, froh, dass die Anstrengung vorüber war, „was werden Sie jetzt tun?"

Herr Zytztz drehte sich auf seinem Stiel um die Stelle, an der er das Sternbild Vela beobachtet hatte . Seine Blätter waren ziemlich still.

„Ich werde die Neueinstufung beantragen", sagte er, „sobald wir zurück sind."

Healey runzelte die Stirn und versuchte, sich etwas auszudenken, was er sagen sollte.

„Ja", fuhr Mr. Zytztz mit seiner verschwommenen Stimme fort, „ich weiß, dass Sie es versucht haben, aber wenn sie mich vielleicht hören – nun, ich glaube nicht, dass sie mich abweisen werden."

„Warum wollen Sie neu eingestuft werden", fragte Healey. „Du hast bereits den Abschluss als Diplom-Bosn."

Healey hätte sich auf die Zunge beißen können, als Mr. Zytztz antwortete: „Ich möchte einen Beamtenausweis."

Healey starrte ihn an, und Commander Browne sah Healey an und nickte, als wollte er sagen: „Warum nicht?" und Healey dachte: „Ja, warum nicht?"

Aber Healey brachte diese Gedanken hastig durcheinander, denn er hatte gelernt, seine mentalen Wellen so zu entschlüsseln, dass Mr. Zytztz sie nicht verstand. Er sah Browne an und Browne tat dasselbe. Wann immer Commander Browne diese Gesichter machte , war er in ziemlich heftiges Grübeln vertieft.

Als sie nach Havanna zurückkehrten, ließ Healey die Zeremonien aus. Damals waren es alte Sachen. Er schickte Commander Browne als Stellvertreter und zog sich dadurch seinen unsterblichen Zorn zu, denn Senator Philipuster war gerade von einem einmonatigen Urlaub auf dem Mondurlaubsgelände der Space Travel, Inc. zurückgekehrt.

Healey ging mit Herrn Zytztz zu den Büros der Klassifizierungsabteilung. Healey reichte seinen Rücktritt ein und Herr Zytztz beantragte eine Neueinstufung.

Als Begründer der „Augen"-Regel argumentierte Healey mit deren fehlender Grundlage. Er zitierte seine langjährige Bekanntschaft mit Herrn Zytztz . Er ließ ihn alle möglichen geistigen Leistungen vollbringen, bei denen es um Wahrnehmung ging, die nicht als etwas anderes als Sehen ausgelegt werden konnte. Er gab sich der einzigen echten Redekunst seines Lebens hin.

Doch die bärtigen Mitglieder der Sektion waren alles andere als unentschlossen.

„Wir können keine Augen sehen", sagte der Vorsitzende, „daher kann man mit Fug und Recht schlussfolgern, dass er keine Augen im menschlichen Sinne des Wortes hat." Sie stimmten Healey einstimmig ab.

Der Vorsitzende bat Healey in sein Büro, um einige Angelegenheiten zu besprechen, die während Healeys Abwesenheit auf Jupiter aufgetaucht waren, und als sie allein drinnen waren und Mr. Zytztz geduldig im Empfangsraum wartete, wandte sich der Vorsitzende an Healey.

„Hören Sie, Admiral, wir respektieren Ihre Meinung und all das, aber sehen Sie nicht, dass der – ach, Kerl, wenn Sie so wollen – der Kerl einfach kein Mensch ist. Das würde nicht gehen, wissen Sie. Schließlich sind sie es „Es sind nur Pflanzen. Wir müssen die Überlegenheit der Menschheit bewahren.“

Healey sah ihn eindringlich an. „Welche Überlegenheit?“ sagte er und drehte sich auf dem Absatz um.

Er und Mr. Zytztz gingen zurück in ihr Quartier und Healey sagte: „Es tut mir wirklich leid, Mr. Zytztz . Es war meine Schuld im ersten Moment …“

„Vergiss es“, murmelte Mr. Zytztz leise, wie eine Brise durch die Palmen.

„Aber es gibt keinen Grund –“

„Vielleicht gibt es das. Sie können nur auf Erfahrungen aus der Vergangenheit zurückgreifen, und sie –“

„Ja, sie sind vom Schlüsselbein aufwärts dick.“

Mr. Zytztz drehte sich zu ihm um und in seinen Worten lag der Anflug eines Lachens.

„Lassen Sie uns nicht unbotmäßig sein, Admiral“, sagte er sanft. „Es gibt nur wenige von uns, die nicht irgendwann einen Fehler machen, der anderen unbeabsichtigt Ärger bereitet. Der menschliche Organismus ist so komplex und eigentlich so primitiv. Es werden Dinge getan oder gesagt, bei denen die Motivation nicht das ist, was sie zu sein scheint. Ein Winzling.“ Es schleicht sich ein bisschen Wut oder Angst ein – vielleicht die Angst, in den Augen anderer das Ansehen zu verlieren – und die Tat wird ausgeführt oder die Worte werden ohne viel Logik ausgesprochen.“

Healey starrte ihn an. „Wenn ich es mir genauer überlege“, sagte er nüchtern, „ist es vielleicht ungerecht, dich als Mensch einstufen zu wollen.“

Ein Jahr später wurde Admiral Healey, der seinen inoffiziellen Urlaub von den Space Marines verlängert hatte, zu Space Travel, Inc. versetzt, um dort das Kommando über deren neues und noch größeres Schiff zu übernehmen, das erstklassige Passagier- und Frischwarenschiff *Clarissa* . Ja, das war zu Ehren von Philipusters Nichte, und war Captain Browne (sie waren alle wieder befördert worden) je verärgert, als er sah, wie sie die zweite Flasche Champagner in weniger als zwei Jahren entweihte?

„Wenn sie vierzig Jahre jünger wäre“, brummelte er, „würde ich sie mitnehmen und sie herausfinden lassen, wie viel besser das Zeug auf Porzellanplatten funktioniert als auf Berylliumplatten.“

Mit zweiundvierzig Jahren war Healey nun ein Volladmiral und ein wohlhabender Mann. Er könnte in zwanzig Jahren bei vollem Gehalt in den

Ruhestand gehen und wäre dann erst zweiundsechzig und in der Blüte seines Lebens. Er könnte ein Landgut auf Aconcagua kaufen und seine Zeit damit verbringen, die Telefonnummern von Captain Browne zu überprüfen.

Im Jahr 2140 ergab die IWC-Zählung: Marsianer, siebenhundertsiebenundsiebzig.

Manche Leute waren darüber sehr neugierig, aber die Marsianer redeten nicht. Der einzige Mann, der es hätte herausfinden können, Admiral Healey, sah keinen Grund, in die Angelegenheiten der Zytztzes einzudringen .

Jedenfalls war Herr Zytztz nicht auf der Jupiter-Flucht, denn damals war die Reise zu lang für ihn.

Ein paar Jahre später traf Healey Mr. Zytztz , als er aus dem Büro des Hafenkapitäns in Havanaport schlurfte . Healey wünschte, Mr. Zytztz hätte ein Gesicht gehabt, denn Mr. Zytztz hätte am ganzen Körper gegrinst. Seine Blätter wehten und bogen sich und tanzten fast im Sonnenlicht. Eines der Blattenden war um ein kleines Buch gewickelt.

„Admiral", schnurrte er, „gratuliere mir! Ich habe gerade meine begehrte Offizierslizenz erhalten."

Healey schaute nach, und tatsächlich hatte Mr. Zytztz ein Ticket für den dritten Steuermann. Wie er das gemacht hatte, wusste Healey nicht, aber wahrscheinlich hatte er die Kommission so lange belästigt, bis sie beschlossen, ihn durchzulassen, und wenn Healey diese gesichtsverrückten alten Prüfer kannte, mussten sie ihm alles gegeben haben, was in dem Buch stand.

Mr. Zytztz hatte sein Ticket und Healey vermutete, dass die Prüfer dachten, sie seien mit ihm fertig.

„Warum wolltest du so sehr ein Ticket?" er hat gefragt. „Du verdienst viel Geld und brauchst keins . "

Aber Herr Zytztz war überschwänglich. „ Eines Tages , wenn ich mein Kapitänspatent bekomme, werde ich ein eigenes Schiff haben. Ich könnte jetzt nicht mein eigenes Schiff befehligen, ohne gegen die Vorschriften zu verstoßen, wissen Sie."

Zytztz ein paar Tage später unten am Raumhafen durch die Korridore schlurfen zu sehen , die ankommenden Schiffe zu beobachten und jedes Mal zu hoffen, dass er hier eine Koje für einen dritten Steuermann bekommen würde, damit er mit der Arbeit beginnen konnte .

Aber es war hoffnungslos und Healey wusste es. Herr Zytztz wurde als „kein Mensch" abgestempelt, und niemand hatte die Absicht, ihn als dritten Steuermann einzustellen. Sie trauten sich nicht. Ihre Besatzungen wären von Bord gegangen.

Drei Monate später setzte Healey ihn auf dem Weg zum Jupiter am Mars ab. Herr Zytztz war ziemlich abgemagert und sah schlaff aus, aber er sagte:

„Danke, Admiral. Wir sehen uns in Havanna."

Auf dem Rückweg zur Erde traf sie ein Shuttle-Boot vom Mars aus und Mr. Zytztz kam durch die Luftschleuse.

„Ich habe gerade mit Herrn Morgan gesprochen, der Ether Fleet, Inc. vertritt", sagte er glücklich. „Er hat mir praktisch einen Platz versprochen, wenn ich einen Meisterbrief machen kann."

Healey schnappte nach Luft. „Ein Meisterzertifikat!"

„Ja", schnurrte Herr Zytztz stolz. „Er sagte, alle ihre Kameraden hätten einen Meistertitel. Also gehe ich zurück nach Havanna."

„Er hat es dir aber nicht wirklich versprochen, oder?"

„Nein, Sir, aber das war die Implikation."

Healey dachte eine Weile darüber nach. Morgan hatte Herrn Zytztz mit der falschen Geschichte, dass alle seine Kameraden Meisterzertifikate besaßen, eine Absage erteilt. Aber warum hatte Herr Zytztz nicht seine Gedanken gelesen und das gewusst?

Eines Tages fragte Healey ihn: „Lesen Sie nicht immer noch Gedanken, Mr. Zytztz ?"

„Oh nein", sagte Zytztz freundlich. „Ich habe damit vor Jahren aufgehört, weil es so vielen Menschen peinlich war, als sie später herausfanden, dass ich es schaffen konnte …"

Healey nahm an der Untersuchung teil. Diese Gruppe grauhaariger Männer gruppierte sich um Mr. Zytztz wie Falken um ein Eintagsküken. Healey warf einen Blick darauf und er wusste, dass Mr. Zytztz dieses Mal nicht vorbeikommen würde.

Sie fragten Herrn Zytztz nach seiner Ätherzeit, und er holte einen Stapel Entlassungsscheine hervor, um den die meisten Kapitäne neidisch geworden wären. Dann begannen sie, ihn mit Fragen zu bewerfen – Fragen, die wie glühende Raketenjets auf ihn zukamen. Sie ließen ihn im Asteroidengürtel treiben. Sie haben seine Heckdüsen verschmolzen. Sie haben seine Frontdüsen ausgebrannt. Sie verstopften seine Instrumente mit Ätherstaub. Sie brachten seinen Chefingenieur mit Weltraumschwindel ins Bett. Sie warfen seinen Navigationsoffizier raus und gaben ihm einen schwarzen Fleck über dem gesamten Sternensystem. Sie haben die Sonne in den Schatten gestellt. Sie durchschlugen seinen Rumpf mit Meteoriten.

Aber Herr Zytztz war nicht beunruhigt. Er stand auf seinem Stiel in der Mitte des Raumes und hörte aufmerksam und höflich jeder Frage zu und gab die Antworten mit seiner sanften, ruhigen Stimme.

Er schickte einen Mann nach draußen, um die verschmolzenen Teile seiner hinteren Düsen abzubrennen. Er nahm die Überreste der vorderen Düsen und schweißte sie zusammen. Er schickte den Ersten Offizier in den Maschinenraum. Er navigierte, indem er die Sterne beobachtete, und als sie die Sterne verdeckten , bewies er der Tafel, dass er ohne Instrumente jeglicher Art innerhalb von dreißig Minuten nach dem wahren Norden oder innerhalb von dreißig Minuten nach einem bestimmten Rektaszens eine Linie zeichnen konnte.

Das war großartig. Herr Zytztz hatte das, was man absolute Orientierung nennen könnte. Sie steckten ihn sogar in einen nahtlosen Raum und drehten und rollten ihn, und jedes Mal funktionierte sein Richtungssinn genauer als jeder Erdkompass, weil er in ihm eingebaut war und richtig *war* ...

Er hatte sie in jeder Hinsicht. Das Einzige, worauf sie ihn hätten aufmerksam machen können – die eigentlichen Einzelheiten der Reparatur eines Maschinenteils –, fragten sie nicht.

Er hat sein Ticket bekommen. Er holte es und machte sich, so schnell er konnte, auf den Weg zum Verwaltungsgebäude, das kostbare Buch fest umklammert in seinen Blattenden.

Nein, er hat kein Schiff bekommen. Er bot an, die Koje eines dritten Offiziers zu übernehmen, aber sie sagten, sie hätten nichts frei. Letztendlich arbeitete er daran, zum Mars zu gelangen.

Kapitel VII

Philipusters gehören draußen

Einige Monate später hörte Healey auf dem Video, dass sein Vater, Admiral Healey von der Stratosphärenflotte, in den Ruhestand gegangen sei. Es verwirrte Healey, denn sein Vater war kein alter Mann und es sah den Healeys nicht ähnlich , so früh in den Ruhestand zu gehen. Healey sah Pickens bei seiner nächsten Landung und Pickens erzählte ihm die Geschichte.

„Ihr Vater hat jahrelang versucht, die Air Marines weicher zu machen, damit Sie und alle Männer, die sich im Raketendienst hervorgetan haben, wieder in den aktiven Status bei den Marines zurückkehren können, aber sie haben ihn hingehalten, indem sie gesagt haben, dass er ein Aktiver ist Offizier, ich konnte nichts dergleichen verlangen, also ist er in den Ruhestand gegangen und widmet den Rest seines Lebens der Überarbeitung der Vorschriften. Es könnte sein, dass er sehr stolz auf Sie ist. " Pickens sagte die letzten Worte sehr leise.

"Ja." Healey war nachdenklich. Er möchte seinen Vater sehen. Er hatte ihn seit 2116 nicht mehr gesehen. Aber wenn der alte Admiral beim Disziplinarausschuss der Air Marines nicht mehr Glück gehabt hätte als Healey bei der Klassifikationsabteilung, wäre das Zeitverschwendung gewesen.

Healey sah Herrn Zytztz in den nächsten Jahren viele Male. Jeder in den Weltraumbahnen kannte den Marsianer. Er segelte als Seemann oder manchmal auch als Bootsmaat mit einer Besatzung von Marsmenschen auf See, und wenn er den Hafen erreichte, sei es auf dem Mars, auf Luna, auf Jupiter, auf Io, auf Callisto oder auf Ganymed, machte er mit dem Gepäck die Runde seinen Meisterschein hat er hoffentlich dabei – aber er kommt nicht weiter.

Es tat Healey weh, und die ironische Wendung der ganzen Sache bereitete ihm viele unruhige Nächte. Damals hatten Männer des Raketendienstes, selbst Ausgestoßene der Air Marines, lange und vergeblich versucht, anerkannt zu werden. Als ihnen das nicht gelang, bildeten sie ihre eigene starre Kaste. Und jetzt schlug Mr. Zytztz seinen Kopf gegen die gleiche Steinmauer der Gleichgültigkeit, weil er, Healey, der einer der eifrigsten Versuche gewesen war, sich wieder bei den Air Marines zu etablieren, die Zytztzes vom ersten Tag an verdammt hatte hatte sie gesehen. Es löste bei Healey viele ernsthafte Überlegungen und eine Menge Selbstvorwürfe aus . Tatsächlich hätte er alles in seiner Macht Stehende getan, um die Dinge für Herrn Zytztz wieder in Ordnung zu bringen .

Aber die Mauer, die er selbst geschaffen hatte, war genauso steinig wie die, die ihn geschaffen hatte. Eines Tages stritt er sich mit dem Hafenkapitän der Luna, der Erster Offizier der alten *Phoebus gewesen war* .

Schließlich sagte der Hafenkapitän: „Ich kann ihm kein Schiff geben, Healey. Das weißt du. Er ist ein Marsianer."

„Nun", sagte Healey hartnäckig, „was ist falsch daran, ein Marsianer zu sein?"

Der Kapitän explodierte. „Du weißt genauso gut wie ich, dass er kein Mensch ist. Das hast du selbst gesagt, als du ihn das erste Mal gesehen hast!"

Im Jahr 2150 ergab die Volkszählung: Marsianer, siebenhundertsiebenundsiebzig. Alle Erwachsenen.

Es war seltsam. Sind sie nie gestorben?

Einige Jahre später kehrte Mr. Zytztz als Eskorte für Healey erneut auf die *Clarissa zurück*. Eines Nachts stand er am Bullauge und beobachtete Vela, als er sagte:

„Admiral, warum geben sie mir keinen Platz?"

Healey dachte darüber nach. Er entschied, dass es an der Zeit war, es ihm zu sagen. „Es ist kein Kompliment für das, was wir scherzhaft Menschlichkeit nennen, aber es ist an der Zeit, dass Sie es wissen, damit Sie sich nicht ständig den Kopf zerbrechen."

"Ja?" Sagte Herr Zytztz leise.

„Sie machen dir keinen Platz, weil du ein Marsianer bist", sagte Healey rundheraus.

„Ich verstehe nicht", sagte Herr Zytztz langsam.

Und Healey wusste, dass er es nie verstehen würde. Es war nicht der Code von Herrn Zytztz . Er wusste nicht, wie klein Erdenmenschen sein konnten.

„Nun, es ist so. Jeder Erdenmensch hat Angst vor allem oder irgendjemandem, von dem er glaubt, dass er ihn körperlich, geistig, emotional, künstlerisch – oder was auch immer – übertreffen könnte. Er ärgert sich darüber. Und solange er den anderen halten kann „Die Zytztzes sind wahrscheinlich die besten Leute in meinem Buch", fuhr Healey herzlich fort, „aber das macht es für dich nur schwieriger, wenn du nicht so intelligent und bescheiden wärst." und vom Temperament her so perfekt, dass die Erdenmenschen dich vielleicht mögen würden. So wie es ist, hast du keine Chance."

Herr Zytztz nahm das alles schweigend auf. Schließlich sagte Healey entscheidend: „Sie können es genauso gut aufgeben. Sie werden nie ein Schiff bekommen." Dann musterte er ihn, und erneut spürte er das starke Gefühl dieser enormen, grenzenlosen Geduld, die alles überwinden würde.

Healey ging im Jahr 2158 nicht in den Ruhestand. Atommotoren kamen in einer Form auf den Markt, die an Raumschiffe angepasst werden konnte. Space Travel, Inc. baute ein neues Schiff namens *Philipuster*, und zu Captain Brownes großem Ekel spritzte die Nichte des Senators eine dritte Flasche Champagner auf seinen prächtigen, brünierten Rumpf.

Sie überredeten Healey, weiterzumachen. Es war nicht das Geld, das ihn beeinflusste, sondern die Tatsache, dass es für ihn keine andere Wahl gab. Er hatte Admiral Pickens von Zeit zu Zeit gesehen, und es ließ sich nicht leugnen, dass Pickens einsam war. Er hatte viele Freunde, ja, aber er konnte nicht in den Offiziersclub gehen und mit den Air Marines Geschichten austauschen. Also blieb Healey dabei.

Ungefähr zu dieser Zeit wurden die Air Marines zu Space Marines.

Die neuen Atommotoren benötigten vergleichsweise keinen Treibstoff. Wo früher neunzig Prozent der Ladekapazität eines Schiffes für Treibstoff aufgewendet worden waren, konnten jetzt ein paar tausend Pfund Plutonium oder ein paar hundert Pfund Americum vom Jupiter die *Philipuster fast so weit* treiben, wie ein Catboat im Wind des Senators fahren konnte Reden.

Space Travel, Inc. verdoppelte bewusst Healeys Gehalt, da er inzwischen eine Institution war. Er erzählte Browne, dass die Tat, als erster Mensch den Marsboden betreten zu haben, ihm mehr Ansehen verschafft habe, als er in tausend Jahren hätte verdienen können.

Danach sah er manchmal Herrn Zytztz , wie er in das Büro eines Hafenkapitäns oder um das Verwaltungsgebäude im Hafen von Havanna schlurfte , sein abgenutztes Kapitänsticket in einer Blattspitze bei sich tragend. Manchmal sah er abgezehrt und schlaff aus, aber immer schien er zu hoffen.

Healey hätte ihm ein Schiff gekauft und es ihm geschenkt, aber er wusste, dass Mr. Zytztz es ablehnen würde. Er wollte – nun, was wollte er überhaupt? Er wollte Kapitän seines eigenen Schiffes sein – und das musste er sich selbst verdienen.

Im Jahr 2160 zeigte die Volkszählung keine Veränderung bei den Marsianern. Im Jahr 2161 stellten die Space Marines alle ihre Antriebe auf Atomantrieb um. Sogar die alte *Phoebus* , heute ein veralteter Kahn, der hauptsächlich für Patrouillen zum Mond und zurück verwendet wird, war mit brandneuen

Atomantrieben des neuesten Typs ausgestattet, die beim ersten Ausprobieren beinahe ihre Stützen losgerissen hätten.

So ging es bis 2170. Healey hatte ein Osterhus und begann ernsthaft über seinen Ruhestand nachzudenken. Kapitän Browne leitete die *Philipuster*. Und Healey pflegte ihn zu necken, wenn er Anzeichen dafür zeigte, dass er seine Pflichten zu ernst nahm.

„Irgendwann möchte ich mir das Telefon der drei Rothaarigen ausleihen, die Sie von der Erde kennen", sagte Healey zu Browne.

Die *Philipuster* war ein großes Schiff. Sie hatten eine Besatzung von fast zweitausend Mann, und auf ihrer vierteljährlichen Reise im Herbst 2170, kurz nachdem die Volkszählung den üblichen Geburtenmangel bei den Marsmenschen ans Licht gebracht hatte, hatte Healey etwa fünfzig Zytztzes als Besatzungsmitglieder an Bord. Mit dem Atomantrieb machten sie wesentlich schnellere Reisen, so dass die Zytztzes den Ausflug zum Jupiter ohne Probleme überstehen konnten.

Eines Nachts – sie nannten es Nacht, weil der Chronometer des Schiffes die Zeit nach 21.00 Uhr anzeigte, obwohl es im Äther immer dunkel war – stand eines Nachts Herr Zytztz an einem Bullauge und blickte in die übliche Himmelsrichtung. Healey saß in seinem gepolsterten Stuhl zurückgelehnt und rauchte eine gute Zigarre, und Kapitän Browne warf einen Blick auf die von seinem Stab erstellten Berichte. Ein Rascheln kam von Herrn Zytztz , als er sagte:

„Wissen Sie, Admiral, dass in zwei Jahren das Gesetz gegen Obduktionen von nichtirdischen Lebewesen ausläuft?"

Healey starrte ihn an. Mr. Zytztz hatte es noch nicht geschafft, ihn zu erschrecken.

„Nun", sagte Healey schließlich, „vielleicht wäre es eine gute Sache. Vielleicht würde eine Obduktion zeigen, dass Sie Augen haben, und dann würden Sie wieder als Menschen eingestuft."

Herr Zytztz antwortete langsam: „Ja, bei einer Obduktion würden Augen zum Vorschein kommen – von einer Art, die Erdenmenschen erschrecken würde. Aber bevor man eine Obduktion durchführt, muss man einen Körper haben."

„Oh, sicher", sagte er, „aber eines Tages wird ein Marsianer sterben."

Herr Zytztz drehte sich bewusst um. „Wir sterben nie", sagte er leise.

Healey griff nach seiner Zigarre, als sie ihm aus dem offenen Mund fiel. Kapitän Browne starrte Mr. Zytztz an .

„Nein", sagte Herr Zytztz , „aus praktischen Gründen sterben wir nicht. Unsere Lebensspanne ist sehr lang. Elftausend Jahre sind für uns nichts."

Elftausend Jahre? Healey runzelte die Stirn. Diese Figur berührte ihn irgendwo im Kopf, aber er schaffte es nicht, sie ans Licht zu bringen. Healey sah Mr. Zytztz eindringlich an .

„Gibt es deshalb immer siebenhundertsiebenundsiebzig Marsmenschen?"

Die Blätter nickten. „Ja, aber ich fürchte, wenn das Gesetz außer Kraft tritt, wird es Unfälle geben und Marsmenschen werden getötet."

Kapitän Browne rieb sich das Kinn. „Ich glaube nicht, dass Sie uns vertrauen, Herr Zytztz ", sagte er sanft.

Herr Zytztz schien zu seufzen. „Menschen werden so sehr von Emotionen beherrscht, und diese Emotionen bleiben oft im Dunkeln", stellte er fest.

„Ich denke, Sie haben Recht", sagte Browne. „Sie sind nicht alle so offensichtlich wie Senator Philipuster ."

„Ähm – ähm." Hinter Healey erklang ein gewaltiges Schnauben und ein lautes Räuspern. Healey drehte sich auf seinem Stuhl um und sein Mund klappte erneut auf.

„Senator Philipuster ! Ich wusste nicht, dass Sie an Bord sind."

„Ich reise einfach – ähm – inkognito, sozusagen. Ich möchte nicht so viel Aufmerksamkeit erregen, wissen Sie."

„Das kann ich mir gut vorstellen", sagte Captain Browne, und Healey glaubte, eine leichte Trockenheit in seiner Stimme zu erkennen.

„Ich – ähm –" Der Senator hob die buschigen Augenbrauen in Richtung Mr. Zytztz . „Dieser Kerl – er ist doch kein Offizier, oder?"

„Er besitzt ein Master-Ticket", sagte Healey scharf.

„Aber sicherlich ist er kein Offizier in meinem Dienst – bei Space Travel, Inc."

„Nein, das ist er nicht", sagte Healey.

„Und – ähm – gibt es nicht eine Regelung, dass sich niemand außer Offizieren auf der Brücke aufhalten darf?"

„Das gibt es", sagte Healey und starrte ihn wütend an.

„Dann – ähm – na ja –"

„Diese Regel“, sagte Healey entschieden, „gilt auch für Zivilisten.“

Der Senator blinzelte. „ Du unverschämter junger Knaller! Wie alt bist du?“

„Neunzig letzten Mai.“

„Warum – ähm – ich bin alt genug, um dein Großvater zu sein. Ich bin hundertzweiunddreißig.“

Healey stand von seinem Stuhl auf. „Dennoch, Senator, besagt die Regel, dass Herumlungern verboten ist, wie Sie bereits betont haben.“ Healey führte ihn zur Tür.

KAPITEL VIII

Verfallen im Weltraum

Als die Tür geschlossen wurde und der Senator auf der anderen Seite war, ging Captain Browne ernst auf Healey zu und machte eine Geste, etwas an das Revers seiner Uniform zu stecken.

„Ihre Medaille, Admiral", sagte er.

Herr Zytztz begann hinauszuschlurfen.

„Nein", sagte Healey. „Gehen Sie nicht. Setzen Sie sich – äh, stehen Sie auf. Hängen Sie es auf, bleiben Sie hier, während wir über den Preis für altes Elfenbein reden."

Herr Zytztz zögerte, dann schien er zu lächeln und ging zurück zum Bullauge.

„Nun, Ihr Senator da, er ist überhaupt kein obskurer Mensch. Er wird von vergleichsweise unkomplizierten Motiven beherrscht und –"

„Die ersten zehn davon", sagte Captain Browne säuerlich, „lauten in der Reihenfolge ihrer Wichtigkeit: ‚Holen Sie sich den Teig'."

Mr. Zytztz schien die Stirn zu runzeln. „Ich möchte kein Skeptiker sein, Captain, aber –"

„Unidentifiziertes Objekt am Backbordbug, Sir", ertönte die Stimme des Ausgucks im Bug der *Philipuster*.

Ein rotes Licht blinkte. Captain Browne sprang zum Bildschirm. Healey sah neben ihm zu.

„Ich schaffe es nicht raus, Sir", sagte Browne.

Herr Zytztz stand immer noch am Bullauge. „Es ist ein Schiff", sagte er leise.

Sie beobachten. Die Stimme des Ausgucks ertönte erneut.

„Unidentifiziertes Objekt scheint ein verlassenes Schiff zu sein, Sir", sang er.

„Position angeben", schnappte Healey.

„Azimut dreihundertdreiundfünfzig Grad. Aufstieg fünf Grad plus. Entfernung etwa dreitausend Meilen. Reiseebene ungefähr Null mit dem Kurs dieses Schiffes. Umlaufwinkel" – eine Pause – „geschätzt auf vier Grad von der Vorwärtsausdehnung hiervon." „Geschwindigkeit" – eine weitere Pause – „Schwer zu bestimmen, aber keine große Geschwindigkeitsrichtung;

Browne entspannte sich. „Wir werden leicht danebengehen, es sei denn, die Geschwindigkeit ist größer als erwartet."

„Pass auf“, befahl Healey dem Ausguck.

„Verlassenes Schiff, bei dem es sich vermutlich um den IWC-Entdecker *Phoebus handelt* !“ sang der Ausguck. Healeys Augen weiteten sich. Er starrte Browne an. „Was ist das für ein Dope hier? Was ist mit dem *Phoebus passiert* ?“

Browne blätterte die Statusberichte durch. Mr. Zytztz war auf sie zugeschlurft.

„Hier“, sagte Browne und blickte auf. „ *Phoebus* : vor zwei Tagen verurteilt und mit einer Ladung hochexplosiven Sprengstoffs abgetrieben. Neuesten Berichten zufolge wurde das Schiff nicht zerstört, sondern nur beschädigt. Das Schleppschiff *Rameses* ist auf dem Weg, es von den Raumschiffen zu schleppen , bis eine weitere Entsorgung angeordnet wird. "

Mr. Zytztz sprach, und zum ersten Mal in all den fünfzig Jahren, die Healey ihn kannte, war Schärfe in seiner Stimme.

„Wie ist sie klassifiziert?“ fragte er Browne.

„Verfallen – vorübergehend.“

Mr. Zytztz drehte sich zu Healey um. „Verfallen“, raschelte er, und es klang kehlig. „Sie ist verfallen. Ich beanspruche sie als Bergung, mit euch beiden als Zeugen.“ Bei Herrn Zytztz ging es nur ums Geschäft. „Das ist das Gesetz, nicht wahr?“

Healey starrte ihn an.

"Nun ja."

„Gibst du mir die Erlaubnis, alle Marsianer an Bord deines Schiffes zu bringen, um die *Phoebus zu bemannen* ?“

„Na klar, wir können miteinander auskommen, aber –“

„Dann lenken Sie uns bitte ab, Admiral.“ sagte Herr Zytztz eifrig.

„Nun, sehen Sie mal –“ Healey runzelte die Stirn.

Captain Browne ging zum Lautsprecher und sah Healey an. Healey seufzte und nickte.

„Fahren Sie um und bereiten Sie sich auf eine Rechtskurve von 3:60 Grad bis zum Stillstand vor“, befahl Browne.

Herr Zytztz strahlte über das ganze Gesicht. „Danke, Sir“, sagte er herzlich. Er hob ein Blatt zum Gruß, drehte sich um und schlurfte mit hoher Geschwindigkeit den Korridor entlang.

Glöckchen begannen zu bimmeln und Pfeifen zu blasen, und im Flur erschienen auf Mattglaswänden Schilder mit der Aufschrift: RUHE BITTE! ES BESTEHT KEINE GEFAHR.

Es war keine Kleinigkeit, ein großes Schiff im Äther anzuhalten, vor allem nicht so plötzlich, und Space Travel, Inc. gab an, dass es sie rund vierzigtausend Dollar kostete, einen solchen Stopp durchzuführen, was Treibstoffverschwendung und Schäden bedeutete bis zur Einrichtung. Kapitän Browne brachte einen Trost zum Ausdruck, als er sich gefasst machte:

„Vielleicht stürzt Senator Philipuster und verstaucht sich seinen Stimmapparat.“

„Das fällt unter die Kategorie Wunschdenken“, bemerkte Healey.

Sie stoppten. Healey selbst nahm Herrn Zytztz und seine etwa fünfzig Marsmenschen an Bord des Wracks. Im After-Hold war sie in einem ziemlich schlechten Zustand. In ihrem Rumpf zeigte sich eine Lücke, so groß wie eine Eisenbahnlokomotive. Die Dinge waren ziemlich durcheinander geraten. Das Pumpsystem wurde schwer beschädigt und die Sauerstoffleitungen zerstört, die Steuerungen beschädigt, die Audio- und Videobildschirme kaputt, aber die Atommotoren wurden aus irgendeinem Grund nicht beschädigt.

„Nun, Herr Zytztz , das ist machbar“, sagte Healey nach einer Inspektion. „Es kann repariert werden, und es wird Ihr Schiff sein, aber glauben Sie, dass Sie es schaffen? Sie sind in solchen Dingen nicht besonders geschickt? Soll ich Ihnen Hilfe schicken?“

„Nein“, sagte Herr Zytztz entschieden. Healey wusste, was er dachte. Wenn sie einen Erdenmenschen mitnehmen würden, hätte der Erdenmensch einen gleichen Anteil an der Bergung, und Mr. Zytztz wollte das Schiff nur für sich und seine Rasse haben.

Healey sagte: „Okay, viel Glück“ und ging zurück zum *Philipuster* , aber er war sehr nachdenklich.

Der Senator bat auf dem Weg zum Jupiter mehrmals um eine Audienz, aber Healey hatte nicht die Absicht zu erklären, warum sie auf dem Höhepunkt der Flugbahn angehalten hatten, und so wich er ihm aus.

Sie machten ihren Zwischenstopp in Jove und lieferten dreihundert Passagiere, hauptsächlich Mitarbeiter von Atompowerinc , die in den Americium-Minen arbeiteten, sowie ein paar Hunderttausend Tonnen Lebensmittel und Vorräte ab und nahmen eine Ladung Passagiere mit, die für eine Rast zur Erde zurückkehrten. Die dreimonatige Arbeit auf dem

Jupiter mit seiner hohen Schwerkraft und künstlicher Luft erforderte eine dreimonatige Ruhepause auf der Erde, bevor er zurückkehren konnte.

Die *Philipuster* nahm fast hundert Tonnen reines Americium und etwas Plutonium auf, das als Nebenprodukt entstanden war.

Healey wusste nicht, was sie mit dem ganzen Americium machen würden, weil sie behaupteten, dass die neuen Atommotoren durch Atomspaltung einen Wirkungsgrad von neunzig Prozent erreichten, und Healey wusste, dass sie die *Philipuster* mit nicht mehr Americium zum Jupiter und zurück fliegen konnten als ein starker Mann auf dem Rücken tragen.

Phoebus nähern könnten , Sir?“

„Das sollten wir“, knurrte Healey. „Sie haben jede Nacht den Kurs neu festgelegt, um zu versuchen, ihn einzuhalten.“

Captain Brownes Gesichtsfarbe nahm einen zarten Erbsengrünton an. „Tut mir leid, Sir“, sagte er.

„Überspringen Sie es. Achten Sie nur darauf, dass Sie sie nicht verlieren.“

Kapitän Browne war ein guter Navigator. Achtzig Tage später sang der Ausguck: „Unbekanntes Objekt an Steuerbord, Sir. Azimut vier Grad. Aufstieg zwei Grad plus. Entfernung zehntausend Meilen.“

Healey war amüsiert, als der Ausguck eine Minute später den Namen der *Phoebus rief*. Offenbar hatte auch der Ausguck damit gerechnet, sie zu sehen.

Der *Philipuster* drehte bereits die Felder um. Sie hielten an und banden die *Phoebus* fest, und Admiral Healey und Kapitän Browne gingen an Bord.

Die Marsmenschen freuten sich, sie zu sehen – Mr. Besonders Zytztz . Sie drängten sich dicht aneinander, und Mr. Zytztz reichte ihm die Spitze eines seiner Blätter, und Healey schüttelte es fest.

"Wie geht's?" fragte Healey. „Du siehst ein wenig schlaff aus.“

„Sehr schön“, sagte Herr Zytztz . "Sehr schön."

Healey sah sich die Dinge an. Sie hatten das Sauerstoffsystem repariert. Sie hatten Saft in den Batterien. Sie hatten versucht, einige Platten über das große Loch im hinteren Laderaum zu schweißen, aber es war ihnen nicht gelungen, den Flicken festzuhalten, und so hatten sie die Schotttüren abgedichtet und nutzten nur die vorderen zwei Drittel des Schiffes. Sie hatten versucht, das Pumpsystem zu reparieren, aber die Hauptpumpe war kaputt und erforderte ziemlich sorgfältige Dreharbeiten. Healey konnte sehen, dass sie versucht hatten, ein paar Buchsen dafür herauszuschneiden, aber sie sahen alle wie

Schrott aus. Die auf der *Phoebus* verbliebenen Drehmaschinen waren ohnehin Relikte.

Healey sah Mr. Zytztz erneut an. „Du bist verdorrt wie der Teufel“, sagte er. „Warum gibst du das nicht auf und gehst zurück zum Mars? Du wirst zusammenbrechen, wenn du es nicht tust.“

Mr. Zytztz sah Healey einen Moment lang an, dann schien er zu einer Entscheidung zu kommen. Er führte sie in den Kontrollraum und sie setzten sich, während er auf dem Boden auf und ab ging und auf seinem Pirsch hin und her schlurfte.

„Ihr zwei Männer“, sagte er plötzlich und sah Healey und Browne an, „wart immer freundlich zu uns, und ihr beide habt mehr getan, um uns zu helfen, als alle anderen zusammen. Ich denke also , ich kann genauso gut offen zu euch sein.“ .... Du denkst, wir sind verrückt, weil wir uns so sehr ein Schiff wünschen.“ Er hielt inne, dann ertönte ein Geräusch wie ein Seufzer von ihm. „Nun, ich lasse Sie selbst entscheiden. Wir haben nie die ganze Geschichte erzählt, weil Erdenmenschen – nun ja –“ er suchte nach einem heiklen Wort – „unvorhersehbar.“

Healey nickte grimmig.

Herr Zytztz schlurfte zu einem Bullauge und blickte hinaus auf das Sternbild Vela. Dann drehte er sich zu Healey und Browne um, aber einer seiner langen Blätter zeigte durch das Bullauge.

„Wir kamen vor elftausend Jahren von dort“, sagte er.

Healey war nicht überrascht. So etwas hatte er erwartet. „Das heißt, du meinst deine Vorfahren.“

„Nein“, sagte Herr Zytztz , seine Blätter raschelten. „Ich meine wir – die siebenhundertsiebenundsiebzig von uns, die noch am Leben sind.“

Healey blinzelte. „Das stimmt“, sagte Healey. „Du hast mir vorher gesagt, dass du lange lebst. Aber das würdest du nicht tun, wenn du die ganze Zeit vom Mars ferngehalten würdest.“

Zytztz antwortete: „Ich weiß es nicht. Ich weiß nur, dass so viel Kontakt mit Menschen uns mit seiner – verzeih mir – mit seiner Kleinlichkeit und seinem Egoismus ermüdet. Wir können es nicht ohne Pause ertragen.“

„Du warst allein hier auf der *Phoebus* .“

Herr Zytztz sah verlegen aus. „Ich zögere, das zu sagen, aber Menschen hinterlassen ihre Spuren in allem, womit sie in Verbindung stehen. Ein kleiner Teil ihrer vorherrschenden Emotionen wird sogar von Metall und so weiter absorbiert.“

„Wenn man dann zum Mars kommt, tut man überhaupt nichts Geheimnisvolles", sagte Healey. „Du gehst einfach raus in die Wüste und ruhst dich aus."

„Wunderbare Entspannung", sagte Herr Zytztz . „Das ist alles, was wir elftausend Jahre lang auf dem Mars getan haben."

„Und du musst nicht essen?"

„Praktisch gesehen, nein. Wir können gut hundert Jahre lang ein aktives Leben führen, indem wir einfach die Energie, die wir brauchen, aus dem Sonnenlicht und der Luft absorbieren. Natürlich so, wie wir vor dem *Phoebus auf dem Mars gelebt haben.* " kam, konnten wir ewig leben.

„Von welchem Planeten kommst du?" fragte Healey und schaute durch das Bullauge.

„Der vierzehnte Planet dessen, was Sie als Stern Gamma Velorum kennen . Er ist Ihrer Erde sehr ähnlich – physikalisch gesehen."

„Warum zum Teufel bist du gegangen?" fragte Browne. „Um ein paar neue Telefonnummern zu finden?"

Herrn Zytztz raschelten leise, als würde er lächeln. „Nicht ganz. Unser wissenschaftlicher Rat hörte Gerüchte vom Explorationskomitee eines Planeten im System Pi Centaurus, dass die Erdenmenschen ein hochorganisiertes soziales und politisches System mit einer komplexen Schichtenanordnung in Bezug auf die Menschen selbst entwickelten."

„Du meinst Klassenunterschied?" sagte Healey trocken.

„Ja, das ist es auch schon. Nun, sehen Sie, auf unserem Planeten hatten wir nie eine Neigung zu Positionsunterschieden. Wir sind kein hochorganisiertes Volk. Tatsächlich gab es überhaupt nie ein Bedürfnis nach Organisation. Unsere physischen Bedürfnisse sind fast gleich Null, daher gab es für einen keinen Anreiz , den anderen einen Schritt voraus zu sein. Aber unser Fortschrittskomitee wollte sich mit dem Erdsystem vertraut machen, weil wir an der Theorie arbeiten, dass alles in dieser Art Vorteile hat - Sieben von uns wurden auf ein Raketenschiff geschickt, das wir von den Robotern des Achtzehnten Planeten gekauft hatten, um das soziale System der Erde zu untersuchen.

„Warte eine Minute", sagte Healey und setzte sich auf. „Haben Sie gesagt, vor elftausend Jahren?"

Herr Zytztz nickte. „Wir sind auf der Erde gelandet und haben eine ziemlich hochentwickelte Zivilisation vorgefunden – im Vergleich zu dem, was Sie jetzt haben, natürlich, weil ich keinen anderen Maßstab habe. Wir haben uns kennengelernt –"

„Eine Sekunde", sagte Healey scharf. „Welchen Teil der Erde haben Sie besucht?"

„Es gab nur zwei Kontinente, die uns interessierten. Einer lag etwa in der Mitte des Atlantischen Ozeans und der andere im heutigen Südwestpazifik."

Healey sprang auf. „Das sagt man nicht! Atlantis und Lemuria! Das habe ich in meiner Dissertation vor fünfzig Jahren argumentiert. Das hat mich aus dem aktiven Dienst bei den Air Marines geworfen. Das hat mich zu einem Ausgestoßenen gemacht. Das sind die beiden Kontinente, die Senator." Philipuster behauptete, es seien nichts als Mythen!"

„Damals waren sie ganz real", sagte Herr Zytztz .

„Nun, ich werde einfach versenkt!"

KAPITEL IX

Freunde, in der Tat!

Mit vor Eifer blitzenden Augen setzte sich Healey wieder hin, weil er vor Aufregung schwach war. Nach all den Jahren war seine Abschlussarbeit bestätigt worden. Von Herrn Zytztz !

„Es gab nur eine Inselkette dort, wo sich Ihre östlichen Berge in Nordamerika befinden, und es gab einige Naturvölker in Ägypten und Südosteuropa", fuhr Herr Zytztz fort. „Aber die Völker von Atlantis und Lemuria, die einen gewissen Austausch hatten und sich scheinbar gleichzeitig entwickelten, verfügten über eine ziemlich moderne Zivilisation. Sie hatten ausgedehnte Familienbeziehungen, Ehen, Religionen usw., aber das, was uns am meisten interessierte, war die Eminenz." einerseits an gebildete Personen und andererseits an Personen, die auf die eine oder andere Weise mehr Besitztümer angesammelt hatten, als sie für ihren persönlichen Gebrauch benötigten.

„Das hat sich nicht geändert", stellte Kapitän Browne fest.

"Wie lang bist du dort geblieben?"

„Fast ein Jahr. Die sogenannten Herrscher haben uns unter ihre Kontrolle gebracht und uns praktisch davon überzeugt, dass ihr System gut sei und wir von einer Übernahme profitieren könnten. Ich glaube, das nennt man manchmal die Taktik der kalifornischen Handelskammer."

„Die Herrscher von Atlantis haben uns unter ihre Aufsicht gestellt, als wir ihre Insel besuchten", sagte Herr Zytztz .

Admiral Healey beugte sich vor. „Sagen Sie mir nur eines, Mr. Zytztz – wussten sie wirklich, wie man die Schwerkraft aufhebt?"

„Oh ja, das haben sie. Ihre Antriebsmethoden waren im Vergleich zu Ihren primitiv, aber sie hatten herausgefunden, wie man die Schwerkraft sehr gut kontrollieren kann."

"Hast du dieses Geheimnis?"

Healey und Browne hielten den Atem an und warteten gespannt auf die Antwort.

„Naja, nein, das weiß ich nicht, aber ich glaube, ich weiß, wo es ist", sagte Herr Zytztz langsam.

„Kannst du es für mich besorgen?" fragte Healey.

"Ja, ich denke schon."

Healey entspannte sich und seine Finger trommelten auf der Stuhllehne.

„Mach weiter", sagte er. „Wie bist du auf dem Mars gestrandet? Du hattest ein Schiff."

„Ich komme dazu. Wir waren nicht zufrieden mit dem, was wir auf der Erde gesehen hatten. Etwas schien, wie Sie sagen, falsch. Also beschlossen wir, der Nervosität der Erde zu entfliehen und darüber nachzudenken. Wir gingen, aber Ein blinder Passagier der Lemurianer tauchte fast sofort auf, als wir vom Boden abhoben. Er hatte in der Fabrik gearbeitet, in der sie ihre einfachen Flugzeuge herstellten. Er war sehr aufgeregt.

„Er sagte uns, wir hätten überhaupt nicht das wahre Bild erfasst; dass es in jeder Klasse, die wir kannten, zehn unglückliche und benachteiligte Menschen gäbe, dass die herrschende Klasse uns absichtlich falsch informiert und uns davon abgehalten habe, die Wahrheit zu erkennen." Er war vielleicht ein wenig fanatisch, aber er hat uns beeindruckt, weil er offensichtlich nicht mit uns nach Vela gehen konnte Er konzentrierte sich auf die Schwerkraft eines Körpers und versuchte, beides gleichzeitig zu tun, und die Kontrollen gingen völlig durcheinander.

„Ganz gut", hauchte Healey, seine Augen auf Mr. Zytztz gerichtet .

„Wir sind in eine Umlaufbahn um die Erde geschwenkt. Wir haben verschiedene Dinge versucht, um zu entkommen, und – wir sind in solchen Dingen nicht besonders geschickt, wissen Sie. Wir haben es irgendwie geschafft, unseren Strahl auf die Erde zu fokussieren, während alle anderen Gravitationseinflüsse aufgehoben waren, und wir sind umkreist." Die Erde mit enormer Geschwindigkeit, wobei unsere Zentrifugalkraft der Anziehungskraft des auf die Erde fokussierten Strahls entgegenwirkte. Wir mussten immer schneller werden und nach ein paar Tagen näherten wir uns der Lichtgeschwindigkeit. Das gab uns enorme Masse und zog die Erde ein wenig an Wir umkreisten die Erde über die Pole hinweg, und plötzlich wurde der Kontinent, der jetzt als Amerika bekannt ist, durch unsere Masse aus dem Meeresboden gerissen, und die beiden Kontinente Lemuria und Atlantis wurden vollständig von den Flutwellen überschwemmt. und beide Kontinente verschwanden im Wasser."

Healey holte tief Luft. „Das ist also die Geschichte", sagte er schließlich.

„Ja", sagte Browne. „Aber wie kann man das beweisen?"

Bei diesen Worten richteten sich die Blätter von Herrn Zytztz auf. „Oh, ich kann es beweisen", sagte er. „Wir lösten uns von der Erde und landeten schließlich auf dem Mars. Der blinde Passagier verbrachte seine ganze Zeit, bis er an Nahrungsmangel starb, damit, die Aufzeichnungen von Lemuria zu schreiben. Er erzählte alles, was er über ihre Wissenschaft wusste, einschließlich des Geheimnisses, der Schwerkraft entgegenzuwirken."

„Großes Feuermeer!" sagte Kapitän Browne, und in Admiral Healeys Augen schimmerte ein seltsames Feuer, das seit vielen Jahren nicht mehr da gewesen war.

Browne sah ihn an. „Aber würde selbst das ausreichen, um die Space Marines zu besiegen?" fragte er Healey.

Healeys Augen verengten sich. „Das sollte es auch sein. Mit dem Druck, den ich Senator Philipuster und durch ihn im Disziplinarrat machen könnte – Philipuster ist mittlerweile einer der größten Typen der Welt, wissen Sie. Ja" – er nickte mit plötzlicher Überzeugung – „wir können es schaffen, Captain." Er sah plötzlich auf. „Wer hat dieses Manuskript?", fragte er Mr. Zytztz.

„Es liegt im Grab der Lemurianer auf dem Mars."

Healey war aufgesprungen und seine Augen funkelten.

„Oh, Bruder!", murmelte er immer wieder, „jetzt wird es knallen."

Dann wandte er sich an Herrn Zytztz. „Ihr seid also auf dem Mars abgestürzt und ihr habt das Schiff nicht reparieren können, weil ihr nicht so geschickt mit Werkzeugen seid und der Lemurianer nicht lange genug gelebt hat?"

„Das ist die ganze Geschichte. Das Schiff rostete trotz allem, was wir tun konnten, und zerfiel allmählich."

„Und seitdem warten Sie darauf, per Anhalter nach Hause fahren zu können", sagte Browne.

„Was gab es sonst noch zu tun?" fragte Herr Zytztz .

„Ich nehme an, dass Sie sich inzwischen über Klassenunterschiede im Klaren sind?" sagte Healey etwas säuerlich.

Herr Zytztz antwortete nur langsam. „Ich denke", sagte er schließlich, „dass es immer noch nicht perfekt ist."

Healey schnaubte.

Browne sagte nachdenklich: „Ich kann das ganze Zeug über Lemuria und die Anti-Schwerkraft usw. verstehen. Das ist ganz klar. Aber was ich nicht verstehen kann, ist: Sie hatten elftausend Jahre Zeit, in der Sie nichts anderes tun konnten, als zu warten. Warum? „Hast du jemals Nachkommen auf dem Mars bekommen?"

Healey stellte sich vor, dass Mr. Zytztz sanft vor sich hin lächelte. „Weil wir alle Männer sind. Unsere Frauen und Liebsten sind alle zu Hause im velarianischen System."

Browne schluckte und starrte Healey an. „Nun, kein Wunder, dass sie ein Schiff wollen", sagte er. „Nach elftausend Jahren auf dem Mars würde ich gerne nach Hause zurückkehren und selbst ein paar kleine Zytztzes züchten ."

Healey konnte einige Minuten lang nicht sprechen. Deshalb wollten sie ein Schiff – um nach Hause zu fahren! Ein Zuhause für Ehefrauen, Liebste, Kinder und Familien. Heim! Heimat eines Ortes, der „der Erde sehr ähnlich" war, nach elftausend Jahren des geduldigen Wartens auf das rote Alkali des Mars.

Wie ungeheuer froh müssen sie gewesen sein, die *Phoebus zu sehen* , als sie das erste Mal herunterkam. Wie müssen sie sich gefühlt haben, als Healey Mr. Zytztz die Luftschleuse vor der Nase zuschlug!

Healey stand auf. „Ich bin verkauft", sagte er leise. „Ich werde dafür sorgen, dass Sie sie reinbringen, Captain Browne!"

"Jawohl."

Herr Zytztz murmelte leise: „Ich werde Ihnen sehr dankbar sein."

„Captain Browne, schicken Sie mir etwas Ausrüstung von der *Philipuster* – eine komplette Maschinenwerkstatt, eine kleine Schmiede, eine

Kunststoffpresse, Stahl- und Messingvorräte, Lebensmittel und Wasser. Machen Sie eine Liste. Alles, was Ihnen einfällt. Schicken Sie uns alle." Sie können es auf der *Philipuster finden* , und sobald Sie Havannaport erreichen , können Sie den Rest zum Mars transportieren. Das wird ausreichen, um uns an den Rand des Universums und zurück zu bringen.

Browne schluckte. „Zehn Tonnen, Sir? Das Zeug ist ungefähr eine Million Dollar pro Tonne wert."

„Ich habe drei Millionen Dollar zurückgelegt. Hier gebe ich Ihnen einen Brief an meine Anwälte. Vielleicht –"

Herr Zytztz unterbrach ihn leise. „Wir Zytztzes haben mehrere Millionen Dollar. Es ist großartig von Ihnen, das für uns zu tun, aber lassen Sie uns zuerst unsere gemeinsamen Mittel ausgeben."

„Ja", knurrte Healey. „Ich schätze, das müssen Sie tun. Und uns werden immer noch ein paar Millionen Dollar fehlen. Aber lassen Sie es trotzdem verschicken, Captain. Mein Kredit sollte etwas wert sein."

„Ich bin bereit, Ihnen zu leihen, was ich habe, aber das ist nicht viel", sagte Browne. „Und Atompowerinc wird für den Rest eine Hypothek auf deine Seele aufnehmen."

„Machen Sie mir keine Sorgen mit Details", sagte Healey. „Hol das Zeug."

"Jawohl."

Kapitän Browne nahm den Brief von Healey und einen von Mr. Zytztz entgegen und ging durch die Luftschleuse zurück. Plötzlich begann die Ausrüstung über die Laufstege zu strömen. Alles lief gut, bis die zehn Tonnen Americium in kleinen schwarzen Kisten ankamen, die jeweils fünfundzwanzig Pfund enthielten.

Healey war ein wenig überrascht, das zu sehen, denn er hatte gedacht, dass Captain Browne auf der Erde ein paar schnelle Kämpfe durchführen müsste, um das zu erreichen, aber offenbar nahm Browne die Dinge selbst in die Hand, weil er davon ausging, dass Besitz ein ziemlich guter Titel sei.

KAPITEL X

Herr Zytztz geht zum Mars

Browne bewegte sich ziemlich schnell, aber Senator Philipuster bewegte sich fast genauso schnell. Im Handumdrehen kam er an Bord, nicht so beeindruckend in Raumanzug und Sauerstoffmaske.

„Ich möchte Sie darauf aufmerksam machen, Sir, dass Sie sich auf diese Weise nicht an Privateigentum zu schaffen machen", schnaubte er, nachdem er mit ruckartigen Fingern seine Sauerstoffmaske abgenommen hatte.

„Ich möchte *Sie* wissen lassen, dass ich der Kapitän der *Philipuster* und aller an Bord bin", sagte Healey zu ihm. „Ich halte diesen Treibstoff für notwendig, um diese Marsianer-Crew vor einer Katastrophe zu retten." Dort! Er fühlte sich besser. Er hatte Browne bereits freigesprochen.

Der Senator stotterte. „Aber die Marsmenschen kamen von unserem eigenen Schiff."

„Vielleicht haben sie das getan, aber Mr. Zytztz hier hat die *Phoebus* als Bergung beansprucht. Vor Zeugen."

Der Senator explodierte. Sein Gesicht war rot. „Aber zehn Tonnen Americium –"

„Es wird bezahlt", sagte Healey.

„Es ist ungeheuerlich. Sie brauchen nicht so viel, um zum Mars zu gelangen."

„Ich halte es für ihre Bergungsarbeiten für notwendig."

Herr Zytztz schlurfte herbei. Der Senator schwoll an. „Mr. Zytztz ist jetzt Kapitän der *Phoebus* ", sagte Healey spitz.

Der Senator funkelte ihn an und wurde lila. „Dafür besorge ich dir dein Ticket, du Schlaumeier", bellte er Healey an und stapfte über die Laufplanke zurück.

Die *Philipuster* fuhr unter der Führung von Captain Browne davon, und Admiral Healey krempelte die Ärmel hoch und machte sich an die Arbeit an der *Phoebus* . Mit neunzig war er zwar nicht alt, aber auch nicht mehr so jung wie früher, und er war weich. Trotzdem arbeitete er viele, viele Stunden damit, den Zytztzes zu zeigen , wie man Dinge repariert.

Als seine Muskeln steif wurden, arbeitete er daran, sie zu lockern. Er hat die Pumpen in Gang gebracht. Er selbst ging im Raumanzug nach draußen und schweißte den Rumpf zusammen. Sie rissen die beschädigten Trennwände heraus. Sie ersetzten die Leitungen für Wasser und Druckluft und Healey testete und überprüfte die Kommunikation.

Die Zytztzes arbeiteten unermüdlich. Sie könnten Dinge tun, wenn ihnen jemand zeigen würde, wie. Und eines Tages, drei Monate später, schalteten sie den Strom ein, richteten die *Phoebus* aus ihrem trägen Über-Kopf-Schwimmen und starteten zum Mars. Sie erreichten den Roten Planeten in sechs Wochen und landeten auf dem Weltraumbahnhof. Kapitän Browne war bereits mit einer Ladung Vorräten da, die er selbst auf einer Sonderreise mitgebracht hatte.

Er sagte Healey, dass die finanzielle Situation nicht besonders gut sei. Atompowerinc schreckte mit der Verweigerung der Lieferung noch nicht zurück, verlangte aber nachdrücklich die volle Bezahlung des Americiums. Es machte Healey ein wenig Sorgen. Das heißt, er befürchtete, dass Atompowerinc den *Phoebus* anbringen würde, bevor sie mit Gamma Velorum beginnen konnten . Aber er sagte Herrn Zytztz nichts davon .

Er ging voran und übergab den *Phoebus* einem Reparaturteam am Raumhafen von Space Travel, Inc., damit der *Phoebus* wirklich in Schiffsform gebracht werden konnte. Auch das würde Geld kosten, aber die Zytztzes konnten eine sechzigjährige Reise nicht mit einer kaputten Ente antreten. Dann machte sich Healey daran , im Namen von Mr. Zytztz das Eigentumsrecht an der *Phoebus zu erlangen* .

Sobald die Reparaturarbeiten abgeschlossen waren, begann Healey mit den Verladearbeiten. Es würde ungefähr drei Tage dauern, bis die *Phoebus* beladen war, da die Lastwagen wie gelbe Ameisen in den Laderaum hinein- und herausrannten, also übergab Healey die Aufgabe an Captain Browne, der auf Befehle wartete, während er und Mr. Zytztz eine Reise unternahmen in die Wüste, um das Grab des Lemuriers zu finden.

Das war kein Problem. Die Zytztzes hatten den Lemurianer in einer festen Felshöhle begraben und ihn dann luftdicht zementiert. Ein paar Stangen Dynamit öffneten es.

Als sich der Staub verzog, gingen Healey und Mr. Zytztz hinein.

Sie fanden den Körper – oder was davon übrig geblieben war – einen schwachen weißen Umriss eines Skeletts, geformt aus Knochenstaub auf dem felsigen Boden. Sie fanden auch den Bleisarg, den die Zytztzes verschlossen hatten. Darin befand sich ein mit Tinte auf feinem Pergament geschriebenes Manuskript. Ungefähr zweihundert Seiten, aber Healey schüttelte den Kopf, als er die Schrift sah. Es war schwach, aber immer noch lesbar, aber Healey sagte:

„Das ist fast identisch mit den Maya-Hieroglyphen, aber es nützt uns nichts, weil es noch nie jemandem gelungen ist, die Maya zu entziffern. Es handelt sich wahrscheinlich um dieselbe Sprache."

Healey fand eine Bleischatulle mit einem Manuskript in feiner Schrift.

Herr Zytztz wedelte mit seinen Blättern. „Das muss Sie nicht stören. Ich kann mich an genug lemurische Schriften erinnern, um einen Schlüssel zusammenzustellen. Wenn Sie mir tatsächlich einen Stenographen geben würden, der meine Rede verstehen kann, denke ich, dass ich das in ein paar Tagen für Sie übersetzen könnte." – zumindest ungefähr."

Healey starrte ihn an. „Du bist ein Wunder, wenn du das schaffst."

Als sie zum Raumhafen zurückkehrten, war Browne besorgt. „Ein Mann kam mit dem Linienschiff von der Erde auf der Suche nach Mr. Zytztz . Er schien ein Prozessbevollmächtigter zu sein."

Healey sah abgezehrt aus. „Er darf Zytztz nicht finden . Halten Sie ihn fern. Sagen Sie ihm, dass Herr Zytztz nach Pluto gegangen ist, um Zahnbürsten an Regenwürmer zu verkaufen. Sagen Sie ihm alles. Und zaubern Sie diese Ladung auf. Wie lange noch?"

Browne schüttelte den Kopf. „Auf jeden Fall noch zwei Tage, fürchte ich. Es gibt eine Menge Zeug, Sir."

Also isolierte Healey Mr. Zytztz in einem Büro im hinteren Teil einer Drogerie unter dem Raumhafen, zusammen mit einem Stenographen, der genügend Vorstellungskraft hatte, um die Zytztz -Sprache zu verstehen, während er selbst losging, um die Ladung voranzutreiben.

Aber am nächsten Morgen schickte Mr. Zytztz eine Nachricht, dass Healey kommen solle. Als Healey dort ankam, überreichte ihm Mr. Zytztz neunzig Seiten Teletext.

Healey war erstaunt, aber nicht überrascht. Er blätterte im Manuskript und stieß einen Schrei aus, als er den Abschnitt über die Antigravitation fand.

„Was das nicht für Leute wie Senator Philipuster bedeutet ", sagte er und kicherte.

„Auch ganz einfach, finden Sie nicht?" fragte Herr Zytztz .

Healey schnalzte mit der Zunge. „Viel einfacher als Atomkraft. Und Sie können sehen, dass es funktionieren muss. Es ist wirklich nichts anderes als eine elektronische Adaption einer alten Art von Videoschaltung. Was es bewirkt, ist, in die Gravitationskraft einzudringen, anstatt zu versuchen, sie zu bekämpfen."

Healey ließ Herrn Zytztz im Versteck zurück, während er zum Videobüro ging und eine lange Nachricht an den Disziplinarrat übermittelte, einschließlich der Informationen zur Antigravitation, und sie offiziell aufforderte, seine Behauptung, es handele sich hierbei um ein echtes lemurisches Manuskript, zu untersuchen. Das war genug. Der Disziplinarausschuss kannte die Aspekte. Sie würden das Bild bekommen – aber schnell.

Zwei Tage später strömten die Zytztzes , siebenhundertsechsundsiebzig, von jenseits der Wüste in den *Phoebus* , um nach Hause zurückzukehren. Sie haben sie zur Sicherheit sieben Mal gezählt, da es für diese Reise keine Rückerstattung gab.

Sie hatten gerade die siebte Zählung beendet, als Healey sich umdrehte und einem Mann in einem braunen Anzug gegenüberstand.

„Mr. Zytztz schon hier?"

„Nein", sagte Healey grimmig. „Er ist nicht hier."

„Nun, ich nehme an, er wird es bald sein. Sieht so aus, als ob du dich zum Abheben bereit machst."

Healey knurrte in seiner Kehle. Er fragte sich, wie dieser Kerl gerne eine lange einfache Reise unternehmen würde, aber er wusste, dass Mr. Zytztz Gewalt niemals gutheißen würde – wenn er davon wüsste.

Sie ließen den Motor warmlaufen, während der Mann im braunen Anzug fest im Kontrollraum stand, obwohl Healey sein Bestes gab, jedes Mal, wenn er sich umdrehte, über ihn hinwegzulaufen. Schließlich ging Healey nach draußen und holte Browne.

„Bringen Sie Herrn Zytztz ", sagte er grimmig. „Vielleicht muss ich diesem Vogel auf den Kiefer klopfen und ihn mitnehmen, aber holen Sie sich Mr. Zytztz ! Der *Phoebus* ist bereit zu rollen."

„Ja, Sir", sagte Mr. Browne mit Begeisterung.

„Du Stinktier!" Sagte Healey leise. „Sie möchten *etwas* Gewalt sehen."

„Könnte sein", sagte Browne.

Healey ging zurück zum Schiff. Jetzt wartete ein Bote im blauen Anzug auf ihn.

„Unterschreiben Sie hier, Admiral", sagte er.

Healey unterschrieb. Mit nervösen Fingern riss er den Umschlag auf und las das einzelne Blatt:

John Healey, Care Spaceport, Mars. Habe die Behauptung eines lemurischen Manuskripts untersucht. Elektronikexperten verifizieren Gravitationssynchronisierer. Dieses Gremium betrachtet Ihren Anspruch als begründet. Auf Empfehlung von Senator Philipuster werden Sie hiermit im Rang eines Admirals wieder in den aktiven Dienst der International Space Marines aufgenommen. Melden Sie sich innerhalb von dreißig Tagen zum Dienst bei der Stratosphärenflotte.

Jennings, Kapitän, ISM-
Sekretär des Disziplinarausschusses.

Healey blinzelte. Er las es noch einmal. Dann holte er tief Luft und in seiner Brust begann sich das Gefühl zu füllen, nach dem er seit 2117 gesehnt hatte. Er war Admiral der Space Marines – der sechste Admiral Healey.

Die Güte des Gefühls überströmte ihn wie die Morgensonne und er wollte es dem ganzen Mars zurufen.

Aber der Mann im braunen Anzug wartete auf der Brücke. Healey schaute durch die Luke und sah, wie Mr. Zytztz schnell die Laufplanke hinaufschlurfte. Healey sah den Mann im braunen Anzug an und zog seine Faust zurück. Es war ironisch, dass seine erste Amtshandlung als Admiral der Space Marines ein Akt der Gesetzlosigkeit sein würde, der die Erinnerung an Healeys für immer vernichten würde.

Der Mann im braunen Anzug drehte sich um, das Kinn genau an der richtigen Stelle. Er blickte verwirrt auf Healeys zurückgezogenen Arm.

Aus der Luftschleuse ertönte ein Schrei. Kapitän Browne stürmte herein und winkte mit einer Nachricht.

„Sie haben mich wieder in den aktiven Dienst versetzt!" er schrie. „Sie stellen jeden wieder her, der zum Zeitpunkt unserer ersten Landung auf dem Mars im Raketendienst war."

Er las aus der Nachricht.

FÜR VERDIENSTLICHE DIENSTLEISTUNGEN BEI DER FÖRDERUNG DER WISSENSCHAFT.

Er schlug Healey auf den Rücken. „Ich bin ein vollwertiger Kapitän der Space Marines!"

Healey richtete sich auf und starrte ihn finster an. „Ich bin Ihr Admiral", sagte er steif.

Browne schluckte, dann richtete er sich auf und salutierte. „Ja, Sir. Tut mir leid, Sir."

„Und außerdem", sagte Healey, „hätten Sie mich beinahe umgeworfen." Er grinste und streckte seine Hand aus. „Schütteln, Kapitän!"

Herr Zytztz schlurfte aufgeregt im Kontrollraum. Er schwenkte auch einige Papiere.

Phoebus durchgeführten Arbeiten ausgehändigt . Was bedeutet das?"

„Herr Zytztz ?" fragte der Mann im braunen Anzug und schob ihm ein offiziell aussehendes Papier zu.

Healey nahm die ersten Papiere von Mr. Zytztz entgegen und scannte sie. „Heiliges Springen –" Er hielt inne. Es war zu viel für ihn. „Senator Philipuster ", sagte er schließlich zu Browne, „hat alle Rechnungen, die mit der Ausrüstung der *Phoebus* für die Reise nach Gamma Velorum zusammenhängen, persönlich bezahlt oder garantiert ."

Browne starrte und sein Mund klappte auf. „Nun, ich werde scheitern !" sagte er langsam.

Der Mann im braunen Anzug war bereits verschwunden. Admiral Healey, ISM, sah Captain Browne, ISM, an, blinzelte mit den Augen und schüttelte den Kopf.

Zytztz zugestellten Papiere entgegen . „Ich werde diese annullieren lassen."

Herr Zytztz kam leise näher. „Ich freue mich sehr für Sie beide, meine Herren."

„Danke", sagten sie.

Herrn Zytztz wehten und tanzten. „Sie waren mehr als freundlich, Admiral. Vielen Dank für alles. Und das ist nur ein kleiner Dank."

„Lass es", sagte Healey schroff.

Eine der Blattspitzen von Mr. Zytztz nahm Captain Brownes Hand.

„Sie, Captain, haben mehr als Ihren Teil getan – viel mehr."

„Das ist okay", sagte Browne beiläufig und Healey wusste, dass es ihm peinlich war.

Browne drehte sich um und sagte zu Healey: „Lass uns gehen – Sir."

Healey streckte Browne seine Hand entgegen. Der Kapitän nahm es, bevor ihm klar wurde, was er tat, und lachte dann.

Browne sagte: „Wir sehen uns heute Abend in der Spaceport Bar."

„Nein, Captain, ich denke nicht", antwortete Healey. Er wandte sich an den Schreibtisch und schrieb etwas auf ein Blatt Papier. Er reichte es Browne. Um die Augen des Kapitäns lag ein verwirrtes Stirnrunzeln.

"Was ist das?"

Healey schluckte schwer. „Das, Captain, ist mein Rücktritt von den Space Marines."

Brownes Augen öffneten sich. „Was zum Teufel sagen Sie? Sind Sie verrückt, Sir?"

„Ich gehe mit Mr. Zytztz ", sagte Healey.

Browne griff blind nach einem Sitzplatz. Er setzte sich und begann zu murmeln und den Kopf zu schütteln, als wollte er die Spinnweben wegräumen.

„Sie müssen jemanden haben", sagte Healey hartnäckig. „Wenn auf der Reise etwas schief gehen sollte, wären sie völlig verloren. Sie können keine Dinge herstellen oder reparieren. Die *Phoebus* ist ein altes Schiff. Es werden viele kleine Dinge schief gehen. Das müssen sie haben." Ich. Verstehst du nicht? Sein Ton war fast flehend.

Browne sah ihn an. Healey wusste, dass Browne an den Tag dachte, als sie die Flagge auf dem Mars gehisst hatten und Healey Mr. Zytztz die Luftschleusentür vor der Nase zugeschlagen hatte. Browne stand auf. Er nahm den Rücktritt in die Hand, nahm Haltung an und salutierte elegant. Er begann zu sprechen, aber mit seinem Hals schien etwas nicht zu stimmen. Er drehte sich um und marschierte steif in die Luftschleuse.

Mr. Zytztz schien Healey zu beobachten. „Sie können dies tun, wenn Sie möchten, Admiral, aber es ist wirklich nicht notwendig."

„Sie wissen ganz genau, dass es notwendig ist", sagte Healey. „Außerdem kann ich vielleicht ein paar Telefonnummern besorgen, wenn wir in Vela ankommen."

Herrn Zytztz raschelten leise. „Du wirst ein alter Mann sein, wenn wir nach Hause kommen. Du wirst es nie mehr schaffen, zur Erde zurückzukehren."

„Schließen Sie die Luken", befahl Healey. „Bereiten Sie sich auf den Abflug vor. Es ist eine lange Reise."

Herr Zytztz zögerte. Dann erhob sich ein Blatt zu einem königlichen Gruß.

Sie hoben sie vom Beton hoch. Sie schwebte mit enormer Geschwindigkeit immer höher und höher und krümmte sich dann, frei vom Gravitationseinfluss des Mars, nach unten in die sechzigjährige Flugbahn, die sie zu Gamma Velorum am Südhimmel führen würde.

Am nächsten Tag waren sie weit über Uranus hinaus und beschleunigten immer noch bei konstant zwei Gravitationskräften. Über das Bildtelefon kamen zwei schwache Nachrichten. Einer sagte:

HERZLICHEN GLÜCKWUNSCH, ADMIRAL, UND DIE BESTEN WÜNSCHE. Ich schätze, es gibt niemanden, der lustiger ist als die Menschen. – PICKENS, ADMIRAL, ISM, im Ruhestand.

Der andere sagte:

JOHN HEALEY, ADMIRAL, ISM, RUHESTAND. HERZLICHEN GLÜCKWUNSCH ZUM SECHSTEN ADMIRAL. Ich wünschte, ich hätte dir die Hand schütteln können, aber du weißt, was das Beste ist. VIEL GLÜCK wünscht Euer Vater. – MARK HEALEY, ADMIRAL, ISM, RUHESTAND.

Healey blickte auf. Herr Zytztz war auf der Brücke. Er stand Vela gegenüber. Seine Blätter raschelten sanft. Er ging nach Hause. Und an der Art, wie er durch das Bullauge starrte, wusste Healey, dass seine Augen offen waren.

Healey faltete die letzte Nachricht sanft zusammen und steckte sie sorgfältig in seine Brusttasche. Er ging hinüber, stellte sich neben Mr. Zytztz und blickte zu Vela. Healeys Augen waren ebenfalls geöffnet, aber sie waren feucht.